大展好書　好書大展
品嘗好書　冠群可期

大展好書　好書大展
品嘗好書　冠群可期

太極正宗

老拳譜新編 11

吳志青 著

大展出版社有限公司

策劃人語

本叢書重新編排的目的，旨在供各界武術愛好者鑑賞、研習和參考，以達弘揚國術，保存國粹，俾後學者不失真傳而已。

原書大多為中華民國時期的刊本，作者皆為各武術學派的嫡系傳人。他們遵從前人苦心孤詣遺留之術，恐久而湮沒，故集數十年習武之心得，公之於世。叢書內容豐富，樹義精當，文字淺顯，解釋詳明，並且附有動作圖片，實乃學習者空前之佳本。

原書有一些塗抹之處，並不完全正確，恐為收藏者之筆墨。因為著墨甚深，不易恢復原狀，並且尚有部分參考價值，故暫存其舊。另有個別字，疑為錯誤，因存其真，未敢遽改。我們只對有些顯著的錯誤之處，做了一些修改的工作；對缺少目錄和編排不當的部分原版本，我們根據內容進行了加工、調整，使其更具合理性和可讀性。有個別原始版本，由於出版時間較早，保存時間長，存在殘頁和短頁的現象，雖經多方努力，仍沒有辦法補全，所幸者，就全書的整體而言，其收藏、參考、學習價值並沒有受到太大的影響。希望有收藏完整者鼎力補全，以裨益當世和後學，使我中華優秀傳統文化承傳不息。

為了更加方便廣大武術愛好者對古拳譜叢書的研究和閱讀，我們對叢書作了一些改進，並根據現代人的閱讀習慣，嘗試著做了斷句，以便於閱讀。

由於我們水平有限，失誤和疏漏之處在所難免，敬請讀者予以諒解。

陸子安先生序

吳志青先生所著《太極正宗》及銓眞行將再梓，屬余為序。余受而讀之，覺此二書，寫為強國強種之基。

余兼財政人員訓練所所長時，所中延吳先生教諸生以國術，三月小成，參觀之餘，深致佩慰，今又獲讀其書，其系統之整飭，議論之嚴正，剖析之精密，中國最古而最珍秘之國術，得以科學方法介紹於世界人士之前，其功洵不可沒也，顧或者謂近日武器日精，七尺之軀，豈可與鋼鐵抗，不知強健軍隊，基於強健之民族，強健之體魄，即難收完滿之效果，進而論之，則軍隊決戰定於最後之五分鐘，而最後五分鐘，即血肉相搏，故抗戰以來，我軍在各戰場收功於大刀隊者不少，尤以崑崙關之收復，其效更著，則謂國術為無用者，可以廢然自反矣，然吳先生此書，既以尚武為主，何以又標舉仁愛為國術之起源，和平為國術之目的，忍耐為國術之信條乎。曰此即本書之特點亦即國術之特點也。

孟子有言曾子謂子襄曰，子好勇乎，吾嘗聞大勇於夫子矣，自反而不縮，雖褐寬博吾不惴焉，自反而縮，雖千萬人吾往矣，趙岐註云也自省有不義之心，雖一夫不當輕，自反有義，雖千萬人我直往突之，言義之強也。又曰持其志勿暴其氣，趙岐註云，勿妄以喜怒加入也。足徵國術之精神，在養吾浩然之氣，鄙夫見辱瓜劍而起，斯豈足為勇乎，必也集義所生，至大至剛，斯之謂大勇，發揮此大勇之精神，即中華民族不侮鰥寡，不畏強禦之精神，亦即為主持正義，不屈不撓之精神也。吳君之志遠矣，僅就所見為。之序如此。

巧家陸崇仁敬序

中華民國三十二年八月十五日

極高明而道中庸

太極拳可謂為登峰造極之運動，其動作柔軟，着着以中心推動，且不限人時地物，均可練習，在運動境界中，可謂近乎中庸之道。

楊家麟題　三十二年七月廿日

強種教勇

志青先生早歲追隨 國父獻身革命，於公餘之暇復精研國術，浸浸乎上探南北各派之源流，為國內不可多得之人材。吳君曾任教於財訓所教授諸生太極拳，未及三月而功效大著，余乃知夫太極拳技對健身強種之貢獻。非任何運動所能及。茲當吳君大著重版之際。爰略書所感以志紀念。

劉暉瑜敬題於抗戰第七周年紀念日

尚武樓叢書之一

《太極正宗》修正版自序

余所著尚武叢書之一自問世以來，將居十載，是書之流傳日稀，而海內同志之有志研習太極拳者，欲購斯書以為借鏡，均苦坊間不易購獲，而十年以來，余雖浪跡四方，對太極拳理論及技術之研求，力求精進，未嘗一日輟，檢閱原書，深感諸多未能愜意，爰將太極正宗編制革新，將圖與說逐段各成統系，並刪去不必要之詞句，補充必要之材料，與新著叢書之二太極正宗銓眞，合為一冊，付諸剞劂，以期內容充實，成為更完善之本，藉副有志斯學者之厚望，是時余方任教於雲南財政廳人員訓練所，與二百餘學生朝夕揣摩，民國三十二歲一月，陸兼所長子安蒞所參觀，睹諸生拳藝精進，精神飽滿，不禁欣然，余以重版是書之計畫告之，乃蒙陸公慨然允予捐贈全部印刷費，是則是書之得與讀者相見，不得不歸功於陸公之勢心倡導樂觀厥成也，謹序顛末於此，用誌謝忱。

歙縣吳志青序於昆明財訓所

太極拳是最優良的運動術，何以故？一因他項運動多偏重一部份身體的鍛鍊，注意生理的衛生，應稱為健身運動；而太極拳不但鍛鍊全身內外，並且兼顧精神的修養，心理的衛生，應稱為「健全運動」。二因他項運動僅適於身心尚屬壯健之人，而太極拳則並宜於身心已呈衰弱之人，能收返衰為壯轉弱為強之效。三因他項運動需有相當的設備，或器

械只供有錢的人享受；而太極拳只要有手有腳便可，伸屈開合聽自由，實為最易普及最合國情的運動。四因他項運動不但運動時多費光陰，並且運動後恢復需時，甚至妨害工作；而太極拳活動全身，僅需數十分鐘，運動後立即可以工作。實為最經濟最合現代需要的運動。太極拳具備上述諸大優點，個人練之，個人健壯；家庭習之，家庭康樂；民族倡之，民族強盛！太極拳有如是良好效力：吾人謂為「最優良的運動術」，誰曰不宜？

方國定敬題於昆明　三十二年八月十五日

太極正宗

柔能克剛

張質齋敬題

自强强國

志青先生正之

林毓棠敬題

太極正宗 目次

練習太極拳，能使體弱者轉强，體强者更强題奉

太極正宗

王曉籟　卅二，八，五

楊師澄甫說太極拳十要

一、要虛靈頂勁。頂勁者頭容正直，神貫於頂也。不可用力，用力則項強，氣血不能流通。須有虛靈自然之意。非有虛靈頂勁，則精神不能提起也。

楊師澄甫遺像

二、要含胸拔背。含胸者，胸略內涵，使氣沉於丹田也。胸忌挺出，則氣擁胸際，上重下輕，腳跟易於浮起。拔背者，氣貼於背也。能含胸自能拔背，能拔背則能力由脊發，所向無敵也。

三、要鬆腰。腰為一身之主宰，能鬆腰然後兩足有力，下盤穩固，虛實變化皆由腰轉動，故曰「命意源頭在腰隙，有不得力必於腰腿中求之也。」

四、要分虛實。太極拳術以分虛實為第一要義。如全身坐在右腿，則右腿為實，左腿為虛。全身坐在左腿，則左腿為實。虛實能分而後轉動輕靈，毫不費力。如不能分則步重滯，自立不穩，而易為人所牽動。

五、要沉肩墜肘。沉肩者，肩鬆開下垂也。若不鬆垂，兩肩端起，則氣亦隨之而上，全身皆不得矣。墜肘者，肘往下鬆墜之意，肘若懸起，則肩不能沉，放人不遠，近於外家拳之動勁也。

六、要用意不用力。太極拳論云：「此全是用意不用力。」練太極拳全身鬆開，不使有分毫之拙勁，以留滯於筋骨血脈之間以自縛束，然

能輕靈變化圓轉自如。或疑不用力，何以能長力？蓋人身之有經絡，如地之有溝洫，溝洫不塞而水行，經不閉而氣通，如渾身僵勁充滿經絡，氣血停滯，轉動不靈，牽一髮而全身動矣。若不用力而用意，意之所至，氣即至焉。如氣血流注日日貫輸，同流全身，無時停滯，久久練習，則其眞正內勁，即《太極拳論》中所云：「極柔軟然後能堅剛也。」太極功夫純熟之人，臂膊如棉裹鐵，分量極沉。練外家拳者，用力則顯，有力不用力時，則甚輕浮。可見其乃外勁浮面之勁也。外家之力最易引動，不足尚也。

七、要上下相隨。上下相隨者，即《太極論》中所云：「其根在腳，發於腿，主宰於腰，形於手指，由腳而腿而腰，總須完整一氣也。」手動，腰動，足動，眼神亦隨之動，如是方可謂之上下相隨。有一不動即散亂也。

八、要內外相合。太極所練在神，故云：「神為主帥，身為驅使」，精神能提起，自然運動輕靈。架子不外虛實開合。所謂合者，不但手足合，心意與之俱合，能內外合為一氣，則渾然無間矣。

九、要相連不斷。外家拳術，其勁乃後天之拙力，故有起有止，有續有斷，舊力已盡，新力未至，此時最易為人所乘。太極用意不用力自始至終，綿綿不斷，週而復始，循環無窮，原論所謂「如長江大河，滔滔不絕」，又曰：「運動如抽絲」，皆言其貫串一氣也。

十、要動中求靜。外家拳術，以跳躍為能，用盡氣力，故習之後，無不喘氣者，太極以靜御動，雖動猶靜，故練架子愈慢愈好，慢則呼吸深長，氣沉丹田，自無血脈賁張之弊。學者細心體會庶可得其意焉。

余南來創辦致柔拳社於上海，提倡太極拳彼時南方知太極拳之名者尚少，今已十年無人不知有太極拳者，然而變怪百出，以偽亂眞，一知半解者流著書以問世者衆矣。余從楊澄甫先生學習十年始敢下筆成太極拳術一書，仍用澄甫先生之圖式，不敢稍變其舊，授徒尤兢兢焉，吳君志青亦有感於太極拳之濫雜，學者莫知所從，爰有太極拳正宗之作，尚以余所著為非欺人者，余所著書不過謹述師教，非敢自出新意，當為世人所共知，學者能以澄甫先生之姿勢為標準，方不致走入岐途此吳君之意也。

甲戌冬十月陳微明識印

初練太極拳基本認識之六要與三有

一、心要專　二、志要一

三、行要漸　四、氣要固

五、神要凝　六、體要鬆

著者小影

一、有修養心身之體態，即「動中求靜」「用心意不有力」「尾閭中正神貫頂，滿身輕利頂頭懸」，使精神集中，雜念不起，神寧心安，此謂之以靜制動。

二、有訓練中心之方式。即凡一動，均以中心推動重心，非以重心

運用中心。每動作中，皆含方中有圓，圓中有方，不顯形，不露痕，俱方圓極則之精神，故能中心穩固，則重心運用自如。而太極拳虛實之理，盡在其中矣。

三、有訓練姿態美之動作。凡一舉一動之姿勢，莫不有其一定之弧形、曲線、波浪、旋轉，四種形態聯合而成之彈性動作。有此姿態之美，始能符合太極拳以虛化實，以實擊虛之原則。

按六要三有為研究太極拳初步之要訣，學者務須專心一志，漸行勿懈，朝夕練習，揣摩氣固凝神鬆體精義之所在，則精神自能凝聚而不散，中心當然穩若泰山，運用之重心悉發於中心，姿態自然而美妙，健身自衛之術於是乎成矣。

此為著者三十年來研究太極拳經驗所得，故不揣簡陋聊以貢獻。諸同志就正正焉。

太極拳是一種連綿不斷的動作，不僅形式不斷，而且意思不斷。此種動作，非細心體認，決不容易領會。所以練太極拳者，非得名師指導，即無由知太極拳眞意；或則苦心練習經若干年以後，始稍稍自悟一二。吳君志青習太極拳已經若干年，而又得太極名師楊澄甫先生之指導，於太極拳連綿不斷之意思，皆能悟之中，形之外，宣之言語，著之文字，使不容易領會之太極拳，人人可以領會也。

中華民國二十三年　涇縣胡樸安序印

太極正宗訂正版序

本書因環境之需求有再版之必要，茲為報答愛讀斯書同志再作進一步之貢獻，將初版太極起勢一式中，關於腿部之動作，圖與說似欠詳盡，關係練功夫上有遲早之分，今增左右提腿圖，俾功夫易於進境，原理與方法詳《太極正宗詮眞》補充小動作表內，又增抱虎歸山一式，其眞諦更為鮮明，其理由與功用詳《太極正宗銓眞》內，又訂正栽捶一式，其理由與功用詳《太極正宗銓眞》內。此外將書中全部圖式，提出另編成一套，分為十二段，連環圖，俾研習太極拳者可閱圖按式連續學習，庶免翻檢之勞，當否尚希海內同志指正是幸。

中華民國三十二年春節歙縣吳志青重訂於國立西南聯合大學訓導處

文武之道一也，後世始歧而為二，各有所長，時有所用，豈二者卒不可合耶，吾以為文非鉛槧，武非劍盾，才智所在一焉而已。

節酌古論句題

《太極正宗》

郇陽王用賓印

弁言

一、凡百事物，單看不知優劣，不明眞偽，若集合多數同類之事物，陳列眼前，比較之下，誰優誰劣，誰眞誰偽，是非立判，可不言而喻。蓋太極拳，近年風行一時，出版物日增，一般熱心太極拳者，徬徨歧路，無所適從，所以本書集合各家之名著，作有系統之研究，將不同之點列表比較，使學者一望而知各家太極拳略有不同意義之所在。考各家太極拳之源流，均稱丹士張三峰所傳授，按其名稱拳式各有變更，或別為老式，或別為新派，或又另為折衷，或多幾手，或少幾式；亦有一式而分數式者，亦有式同而名異者，亦有名同而式殊者，循此以往，再傳數十年，又不知變更至於如何程度也。推究其原因，不外各個師傳，稍有出入，無關宏旨，然而初學者，不知就裏，如墜五里霧中，眞偽莫辨，懷疑日深。本書集當代名家太極拳架式理論與名稱，闡明眞相，俾研究斯學者，有所區別，不為曲學者所蔽，則出奴入主之弊泯矣。

二、筆者自民國十七年任中央國術館編審處長，得楊澄甫先生所授，朝夕自修，輾轉研究，將經驗所得，並集各家理論分上下兩編，上編為理論與實際，下編為各家論著（今因抗建大時代節約紙工，減輕成本，將下編暫刪）。然理論以切合教育原理生理衛生為原則，不尚玄虛，不立奇異為自高，附以圖說，並以明顯之文字說明動作，解釋應用，闡明要領，使學者閱之，心領神會一目了然。

三、書之編輯，先以理論，次及方法，集合近代研究太極拳名家宏論，作比較上之觀摩，俾學者閱此一書，即通各家之學，舉一反三，此之謂也。復以成套之太極拳，分為各個之動作，使初學者易於問津，不

致望洋興嘆。習練各個架式，俟動作純熟，姿勢正確，再連成一套，以不違太極拳綿綿不斷一氣呵成之定律，又不違現代教學之方法，特為研究斯學者，創一新紀元。

居今之世，非尚武不足以保民族之生命，太極拳亦武術之一種，借敵人之力以打敵人，乃其妙用也。

題太極正宗

志青先生

張繼印

太極正宗

上編　太極拳理論與實際

一、武當正宗太極拳論

甲、太極拳爲實用衛生之科學

夫太極拳者，非神秘怪誕之幻術，亦非保鏢護院沿街賣藝之技術也。乃自然界中一種自然自衛運動法，自然健身治療法因動作活潑而自然，無論強弱老幼咸宜，練習能使身體健康，精神充足，思想縝密，技術奧妙，且可長進自衛之能，此所謂自然自衛運動法。又因其動作能使身體平均發達，合乎生理上之程序，而其腹部自然之運動，可以助長消

化機能，使食物無停滯於腸胃，一方則排泄渣滓於外，一方即輸送營養品於全身各部正本清源，於是百病無由侵入，身體因而健康，此自然健身治療之法也。故太極拳可謂之實用衛生之科學也。

乙、太極拳之各家架式異同說

武術之分內外，以少林武當為鵠，而少林系之起源稍遠，派別繁多，難以勝記，其架式有長拳短打，又有高樁中樁之別，大步小步之分，約而言之，不外乎攻守進退之法，顯然可見也。而武當一門歷史不若少林之久，當時流傳不甚廣，輾轉師承，亦因各個生理之特殊，因勢利導架式雖略有變更，而其理論則一。又如楊澄甫先生式尚開展，而吳鑑泉先生尚團緊，孫祿堂先生尚舒長，各得其妙，無分軒輊。太極拳之精義以開展之中須要團緊而舒長，此即謂「鬆腰虛靈頂勁」之意也。然

架式雖有不同之點，僅其外表之動作，而其精神則無差異也。

丙、太極拳合生理八卦學說

孫祿堂先生曰：「夫人生於天地之間，秉陰陽之性，有渾然之元氣，但為物所蔽，於是拙氣拙力生焉，加以內不加修，內不知養，以致陰陽不合，內外不一，陽盡生陰，陰極必蔽，亦是人之無可如何者。惟有至人有逆運之道，轉乾坤，扭氣機，能以後天返先天，化其拙氣拙力引火歸原，氣貫丹田，於是有拳術十三勢之作用。研究一氣伸縮之道，所謂無極而生太極是也（氣者即太極也）。十三勢者掤擺擠按採挒肘靠進退顧盼定。掤擺擠按（即坎離震兌）四方形也。採挒肘靠（即乾坤艮巽）四斜角也。亦即八卦之理也。」

按孫先生之言太極拳，合陰陽八卦之理，此為哲學上之證明者，非

生理上之解釋也。今以太極拳八卦之學合於生理者何？此應闡明太極拳之合乎生理，非為玄理之學，係有益衛生之實學，而為培養先天之元氣，增進後天之元力唯一良法也。

太極拳之練法，以軀幹腹腰為主，推動四肢演成架式，由無形進於有形。按之外家拳，先以四肢為主，推動上下相應之運動，係由有形進於無形。此乃外家拳無內家之區別。所以太極拳，以腹腰為主四肢為輔形成八卦之象，肚腹為太極，兩腰為兩儀，四肢為四象，上下四肢八節為八卦，如是主幹周身無一不動，運用腰胯胯四肢，徐徐運動，動中求靜由靜而化動為先天之動力。又曰：「尾閭中正神貫頂，滿身輕利頂頭懸」，此即證明由動而靜，由靜而動，聚精會神之形態，亦皆順生理上之自然為鍛鍊筋骨髓，以助後天之元力，此即化拙力拙氣，引火歸原之意。此非太極拳八卦合乎生理乎？

丁、太極拳助長精氣神說

太極拳除與外家拳同一鍛鍊筋骨髓外，尚有練精氣神之法，非他種武術所能概括也。夫為人之精者為專一不雜之謂。蓋精之在人身極占重要部位，藩殖種子之因子，應如何鍛鍊保護之？鍛鍊日精，則精強身健，而種族亦因之而日強，故《太極拳論》曰：「有不得機，不得勢處身便散亂，其病必於腰腿求之。」又曰：「氣貼背後斂入脊骨，靜運全身意在蓄神，不在聚氣，在氣則滯。」所以太極拳以聚精之兩腰為主要運動，又以脊骨與腿骨接合處骨盤，與尾閭之椎，與胯骨之盤，圓轉而磨動，即以靜而化動，使軀幹各部之肌肉因運動而體內勢力蒸發，四肢之骨髓，及脊髓腦髓由尾閭之間，藉運動之熱力蒸發四肢之骨，及脊腦髓神經感奮，由膠質化為流質，由流質化為氣質周流全身，而精髓經此

鍛鍊之純精，輸送儲於精囊，以補日耗。儲精日久有餘，精囊日益充實，而氣自足神自煥矣。蓋人之初生，體柔軟，多生機，至中年身體漸僵，至老年則由四肢僵硬，行履為艱，皆為纖維質少，石灰質多，以神經感應性退，所以遲鈍。練太極拳者為助長其生機，減少其死機，使人身體日趨柔軟，如草木之逢春，生機發動日漸蕃榮之象，而人之健康亦如是也。

戊、各家太極拳名稱統計比較異同表

國術中興之現代，以太極拳為時下當道之重視，所以負盛名之楊澄甫先生、吳鑒泉先生、孫祿堂先生，時人稱為三派。其實吳鑒泉之父全佑，乃楊班候之弟子，孫祿堂從郝為真學，郝乃班候之戚，亦曾從學，故太極拳本楊家一系，並無異派。孫先生自著《太極拳》一書以問世，吳先生傳褚民誼為之發揚光大，陳微明得楊先生之傳在滬創辦致柔拳社為最早，廣事授徒，大有孔門之盛況，並著《太極拳》一書風行全國，蓋此時代可謂太極拳黃金時代也。雖然盛極一時，百述雜陳，惟恐百世後真偽莫辨，故筆者作太極拳術各家拳式名稱異同比較表，以明真相。表列如左。

次序／名稱／字別	1	2	3	4	5	6
陳微明編	太極起式	攬雀尾	單鞭	提手	白鶴亮翅	摟膝拗步
孫綠堂編	無極學	太極學	懶紥衣學	開手學	合手學	單鞭學
褚民誼編	太極	太極起式	攬雀尾一	攬雀尾二	攬雀尾三	單鞭
本	太極起式	攬雀尾	單鞭	提手	白鶴亮翅	摟膝拗步

7	手揮琵琶	提手上式學	提手上式一	手揮琵琶
8	左右摟膝拗步	白鶴亮翅學	提手上式二	左右摟膝拗步
9	手揮琵琶	開手學	白鶴亮翅一	手揮琵琶
10	進步搬攔捶	合手學	白鶴亮翅二	進步搬攔捶
11	如封似閉	摟膝拗步學	摟膝拗步左	如封似閉
12	十字手	手揮琵琶式學	摟膝拗步右	十字手
13	抱虎歸山	進步搬攔捶學	手揮琵琶	抱虎歸山
14	肘底看捶	如封似閉學	進步或卸步搬攔捶一	斜步攬雀尾
15	左右倒攆猴	抱虎推山學	進步或卸步搬攔捶二	肘底看捶
16	斜飛式	開手學	如封似閉	左右倒攆猴
17	提　手	合手學	抱虎歸山	斜飛式
18	白鶴亮翅	摟膝拗步學	摟膝拗步	提　手
19	摟膝拗步	手揮琵琶式學	攬雀尾	白鶴亮翅
20	海底針	懶架衣學	斜單鞭	摟膝拗步
21	肩通臂	開手學	肘底看捶	海底針
22	撇身捶	合手學	倒攆猴一	肩通臂

23	上步搬攔捶	單鞭學	倒攆猴二	撇身捶
24	攬雀尾	肘下看捶學	斜飛勢	上步搬攔捶
25	單　鞭	倒攆猴左式學	提手上勢	攬雀尾
26	左右雲手	倒攆猴右式學	白鶴亮翅	單　鞭
27	單　鞭	手揮琵琶式學	摟膝拗步	左右雲手
28	高探馬	白鶴亮翅	海底針	單　鞭
29	左右分腳	開手學	肩通背	高探馬
30	轉身蹬腳	合手學	撇身捶	左右分腳
31	左右摟膝拗步	摟膝拗步學	卸步搬攔捶	轉身蹬腳
32	進步栽捶	手揮琵琶式學	上勢攬雀尾	左右摟膝拗步
33	翻身白蛇吐信	三通背學	單　鞭	進步栽捶
34	上步搬攔捶	開手學	雲手一	翻身白蛇吐信
35	蹬　腳	合手學	雲手二	上步搬攔捶
36	左右披身伏虎式	單鞭學	高探馬（左）	蹬　腳
37	回身蹬腳	雲手學	分腳（右）	左右披身伏虎式
38	雙風貫耳	高探馬學	高探馬（右）	回身蹬腳

39	左蹬腳	右起腳學	分腳（左）	雙風貫耳
40	轉身蹬腳	左起腳學	轉身蹬腳一	左蹬腳
41	上步搬攔捶	轉身踢腳學	轉身蹬腳二	轉身蹬腳
42	如封似閉	踐步打捶學	進步栽捶	上步搬攔捶
43	十字手	翻身二起學	翻身撇身捶	如封似閉
44	抱虎歸山	披身伏虎式學	翻身二起腳一	十字手
45	斜單鞭	左踢腳學	翻身二起腳二	抱虎歸山
46	左右野馬分鬃	右踢腳學	雙風貫耳一	斜步攬雀尾
47	上步攬雀尾	上步搬攔捶學	雙風貫耳二	斜單鞭
48	單　鞭	如封似閉學	披身踢腳	左右野馬分鬃
49	玉女穿梭	抱虎推山學	轉身蹬腳	上步攬雀尾
50	上步攬雀尾	右轉開手學	上步搬攔捶	單　鞭
51	單　鞭	合手學	如封似閉	玉女穿梭
52	雲　手	摟膝拗步學	抱虎歸山	上步攬雀尾
53	單鞭下勢	手揮琵琶學	摟膝拗步	單　鞭
54	金雞獨立	懶紮衣學	攬雀尾	雲　手

55	挒攆猴	開手學	斜單鞭	單鞭下勢
56	斜飛勢	合手學	野馬分鬃（左一）	金雞獨立
57	提　手	斜單鞭學	野馬分鬃（左二）	倒攆猴
58	白鶴亮翅	野馬分鬃學	野馬分鬃（右一）	斜飛勢
59	摟膝拗步	開手學	野馬分鬃（右二）	提　手
60	海底針	合手學	玉女穿梭（左）	白鶴亮翅
61	肩通臂	單鞭學	玉女穿梭（右）	摟膝拗步
62	撇身捶	右通背掌學	單　鞭	海底針
63	上步搬攔捶	玉女穿梭學	雲　手	肩通臂
64	進步攬雀尾單鞭	手揮琵琶學	下　勢	上步搬攔捶
65	雲　手	懶紮衣學	金雞獨立	進步攬雀尾
66	單　鞭	開手學	倒攆猴	單　鞭
67	高探馬	合手學	斜飛勢	雲　手
68	十字腿	單鞭學	提手上勢	單　鞭
69	摟膝指襠捶	雲手學	白鶴亮翅	高探馬
70	上勢攬雀尾	雲手下勢學	摟膝拗步	十字腿

71	單鞭下勢	金雞獨立學	海底針	摟膝指膛捶
72	上步七星	倒攆猴學	肩通背	上步攬雀尾
73	退步跨虎	手揮琵琶式學	進步搬攔捶	單鞭下勢
74	轉腳擺蓮	白鶴亮翅學	上勢攬雀尾	上步七星
75	彎弓射虎	開手學	單　鞭	退步跨虎
76	上步搬攔捶	合手學	雲　手	轉腳擺蓮
77	如封似閉	摟膝拗步學	高探馬	彎弓射虎
78	十字手	手揮琵琶式學	迎面掌	上步搬攔捶
79	合太極	三通背學	十字擺蓮	如封似閉
80		開手學	摟膝指膛捶	十字手
81		合手學	上勢攬雀尾	合太極
82		單鞭學	單　鞭	
83		雲手學	下　勢	
84		高探馬學	上步七星	
85		十字擺蓮學	退步跨虎	
86		進步指膛拳學	轉退擺蓮	

87		退步懶紮衣學	彎弓射虎	
88		開手學	上步探馬	
89		合手學	迎面掌	
90		單鞭學	翻身撇身捶	
91		單鞭下勢學	上步高探馬	
92		上步七星學	上步攬雀尾	
93		下步跨虎學	合太極	
94		轉角擺蓮學		
95		彎弓射虎學		
96		雙撞捶學		
97		陰陽混一學		

太極正宗　述而不作
有教無類　今之木鐸

吳師志青善國術，得楊澄甫先生傳授心法，素以發揚國粹為己任，曾著專書闡明太極拳之姿勢，及行功之秘訣，對於學者循循善誘，未嘗無誨，誠國術之尊師，但原金聲玉振，能喚起眾生，同登健康之路也。

杜恩霖敬題　三十二、四、十

己、太極拳式數名稱之研究

太極拳者，為武術之派別也，世說傳自張三峰祖師，歷經元明清三代，數百年於茲，輾轉師傳，晚近國術重光。學太極拳者，為一時之盛行，尤以文人學士，研究是拳，著述日多。

筆者不敏會從楊師澄甫學習數年，購置孫先生祿堂著《太極拳學》，並置褚民誼先生著《太極拳圖說》，陳微明先生著《太極拳》朝夕揣摩，心領神會。

孫先生編式數有九十八式，而名稱大體相符，為無極學、太極學、開手學、三通臂學、踐步打捶學、翻身二起學、右通背掌學、雙撞捶學、陰陽混一學、無極還原學，與上述二家異。褚著有九十三式，則比孫著少五式，實與陳著同，惟多迎面掌、十字擺蓮二式，其餘多於陳著者均係分析式之故耳。

以筆者研究所得，似以陳著為太極拳正宗。疑者曰：子何根據而云？然曰：按太極拳名者，當然以太極拳八卦之說為本，式數不是八卦之六十四卦，便是道家九九之真數，於是合乎張祖師發明太極拳之身份矣。疑者又曰：陳著只有七十九式，子言八十一式，又有何理說？曰，陳著中實有八十一式，而第一次抱虎山後，應有攬雀尾一式，再接肘底看捶。證之褚著亦有攬雀尾一式。第二次抱虎歸山亦然，應加一攬雀尾，方可接斜單鞭。而陳著係根據楊師澄甫演式時，均有此二攬雀尾，著書混而為一，曾練習楊派太極者亦可證明，非筆者杜撰也。疑者又曰：子推崇陳著為太極正宗，我又有一問題請子解答，以釋吾疑乎？後半套海底針肩通臂下，有撇身捶，何以褚著無之？又上步攬雀尾，單鞭連在一起，何以褚著分為二式，其故安在？曰一言以蔽之，演太極拳主要點，係綿綿不斷一氣呵成，無分合之別，若著之以文章，似有規定之必要，至於撇身捶之有無，據筆者研究所得，似乎單鞭一式為一段轉折起承之式，理宜分開撇身捶之動作與法式，與搬攔捶前半部略同，且合於撇身捶之中，一分一合仍成八十一式，適與張祖師丹成九轉之真意若相合符節，楊派太極仍不失正宗之地位，質諸，高明以為然否。

二、太極拳各個練習法

庚、方位圖說

凡習武術者，但須識別方位，然後有拳不致遺誤，此方位圖之所由作也。

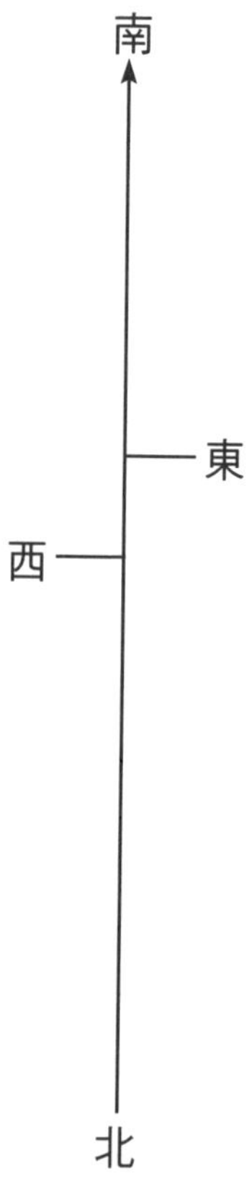

【說明】此路武術為綿綿不斷，一氣呵成之拳術，但是這套太極拳，是十分冗長，並且其手法與架式頗多重複，要依法練習學者畏其冗

長而繁複，大有不敢問津之勢。今別創一格。⑴不違古人定法；⑵不違科學原則；⑶迎合一般學者心理。作各個練習，首先規定方位，以明行拳之趨向。所定及立正之姿勢、注意各要件列之如左，其姿勢見第一圖。⑴面南背北；⑵正身直立；⑶兩手垂直而微屈，成自然之姿態；⑷兩腳跟在一線上靠攏，而腳尖距離約六十度；⑸頭頂項豎，沉肩提肛併腿；⑹目凝神正視，舌舐住上牙床，呼吸以鼻孔行之，以防塵埃吸入。

辛、各段步位路線分圖

凡練拳術者知手眼身法步，為練拳術入門之途徑。猶於軍事上，步騎炮工輜五種兵性能，各專其事，相輔而行，五者缺一不可。而拳術之五種性能，不但缺一不可，一舉手一投足不可須臾離也。若拳之攻擊，身之閃轉，步隨身進，在在均以步為進，則所以每一套拳術，關於步之位置，及方向之規定，關係非常重要，若不嚴繩規劃，則進退攻守之法，失所依據。於是作者除研究「式數」及「術名」、「用法說明」、「動式圖解」與「術解」之外，復研究分段路線圖，使行拳之方向，及步位之遠近，距離之大小，有一定之步度，茲將全套太極拳，按其自然轉折回身之處分為十二段，每段各為一路線圖，每一段路線圖，有若干式數編為號數，每一號數即代表其式與名，在圖上亦均詳為說明，俾研究斯學，知拳之由中央線起首，先五段由中央線而東（即由起點往左返至中央，往復五次），後七段，由中央線而西（即由起點，往右返至中央，往復七次），次第分明，一目了然。若集成一總圖，則步套步，往返重複太繁，不易明瞭。在步位圖中，左右腳及式數一一註明，一式中，有數動式，則標明仍稱某號之同號，並以虛線分明，矢頭指示來去，使閱者按圖索驥不致望洋興嘆。此圖比例為十分之一，按之常人有高矮，則腳亦有長短，若人之高矮不同，步之大小亦異，而此例則同，即自與自為比例，下分段路線圖十二幅（訂於每段之首，又分段、方位、式名、式數、動數統計表一覽）。尚祈方家指正幸甚。

太極拳分段路線與方位及式名暨動式統計表

分段	方位	式名起止	式數	動數	段次	方位	式名起式	式數	動數
1	面南背北目中央線起點往東行拳	太極起式起至十字手止	12	42	9	自中央線至西行拳	金雞獨立起至進步攬雀尾止	10	26
2	自東往中央線行拳	抱虎歸山起至進步攬雀尾止	13	40	10	自西至中央線行拳	單鞭起至單鞭止	3	11
3	自中央線往東行拳	單鞭起至單鞭止	3	11	11	自中央線至西行拳	高探馬起至攬雀尾止	4	11

3	4	5	6	7	8	總計
自中央線往東行拳	自東向西行拳	自西至中央行拳	自中央至西行拳	原北四隅行拳	自西至中央線行拳	全套太極拳合十二段分八十一式析為二百五十八動
單鞭起至單鞭止	高探馬起至進步捶止	白蛇吐信至十字手止	抱虎歸山起至攬雀尾止	單鞭起至上步攬雀尾止	單鞭起至單鞭下勢止	
3	5	13	5	3	3	
11	13	25	26	19	15	
11	12	共計十二段				
自中央線至西行拳	自西至中央線終止	由東至中二次　由西至中二次 由中至東二次　由東至西一次 由中至西三次　原東至地一次				
高探馬起至攬雀尾止	單鞭下勢起至合太極止	重八式者、有攬雀尾、單鞭二式。重六式者、有搬攔捶一式。重三式者、有白鶴亮翅、提手、摟膝拗步、如封似閉、十字手、左右雲手、六式。重二式者、有手揮琵琶、左右摟膝拗步、抱虎歸山、左右倒攆猴、斜飛式、底海針、肩通臂、高探馬、轉身蹬腳、單鞭下勢、十式。不重式者、有太極起式、肘底看捶、左右分腳、進步栽捶、白蛇吐信、蹬腳、左右披身伏虎、回身蹬腳、雙風貫耳、左蹬腳、野馬分鬃、玉女穿梭、金雞獨立、十字腿、摟膝指膛捶、上步七四十式。星、退步跨虎、轉腳擺蓮、彎弓射虎、合太極、撇身捶。二十一式全套不同式者單式計共四十式。				
4	9	81				
11	18	258				

凡研究武術者，重在鍛鍊架式之運動，亦如習文學者，須藉文字以研究其學術之奧義，雖然武術亦具湛深之奧理，絕非魯莽之夫所能盡其長，於是有書籍之著作，而明義理；有圖說之解答，闡發實際之運用，所以本書第一編為理論，第二編為實際之圖說。理論闡明實際之運用，架式指示鍛鍊之方法，此為圖說之所由作也。

本太極正宗全套架式，因轉折運用之利，劃分十二段，各段將圖與說集合做成連環性之圖說，插於每段文字之前、與每段文字成為一貫之統系，俾研習者便於檢閱，或按圖習練，均有系統可循，此為筆者訂正本書又一貢獻也。

天行健君子以自強不息

事業成功之要點有二：曰「自強」；曰：「有恆」，太極拳之訓練兼而有之，願以質諸當世君子。

查良釗題　三十二年七月十日

癸、各個練習

為便利初學者研究起見，去其重複之架式，作單行架式之練習，如拳中之攬雀尾，前後八見，今作各個單練，以免重複之弊，俾學者專一精練，俟嫻熟後，連輯成套，易於反掌，上項冗長繁複之弊泯矣。又如習文者，先正音識字，造句成文而成篇，習武者亦然。文事與武備，其理一也。

第一段　步位路線圖，與姿勢連環圖如下。

第一段路線圖由中央線至東

術名與秩序之說明

1 太極起式
2 攬雀尾
3 單鞭
4 提手
5 白鶴亮翅
6 摟膝拗步
7 手揮琵琶
8 左右摟膝拗步
9 手揮琵琶
10 進步搬攔捶
11 如封似閉
12 十字手

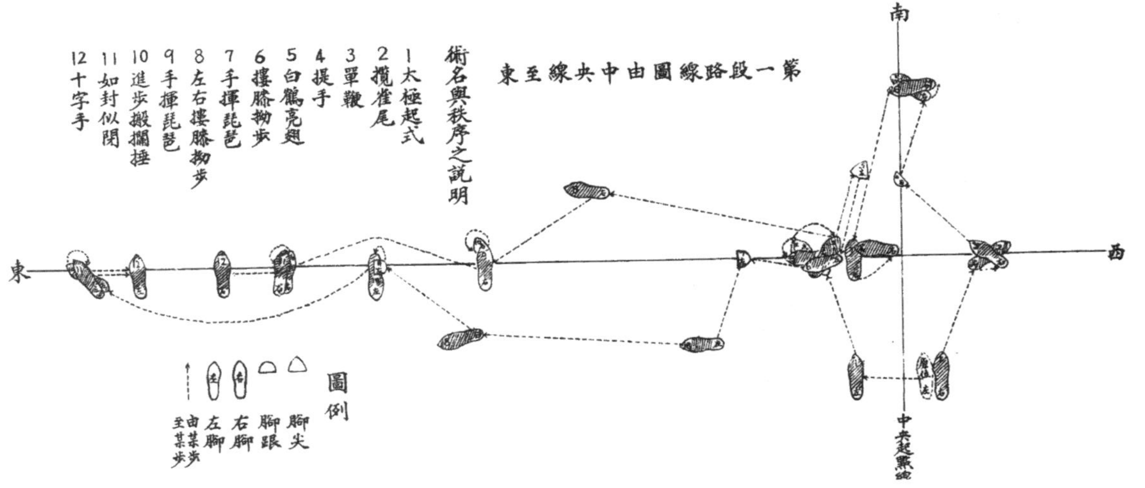

1

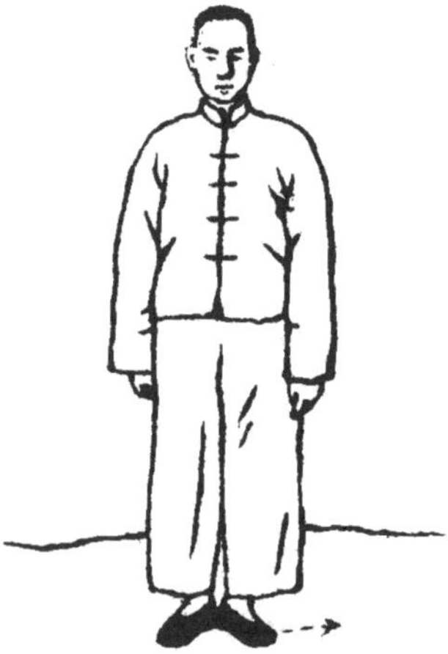

立正圖

2

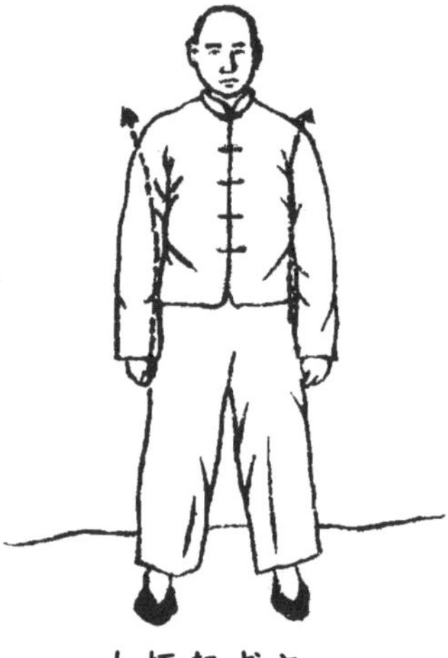

太極起式之一

3

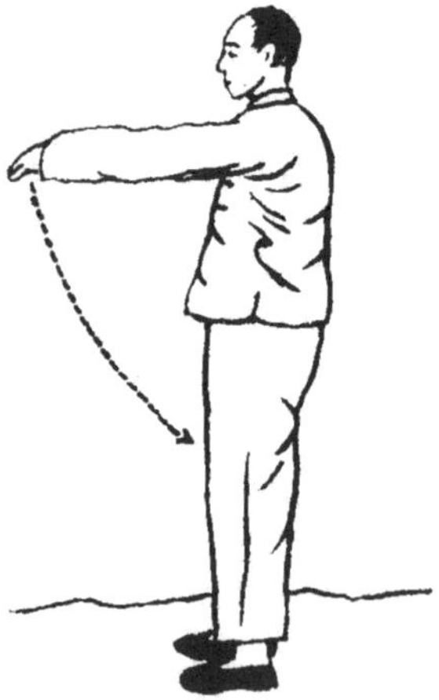

太極起式之二

4

太極起式之三

5

太極起式之四

6

太極起式之五

7

太極起式之六

8

太極起式之七

9

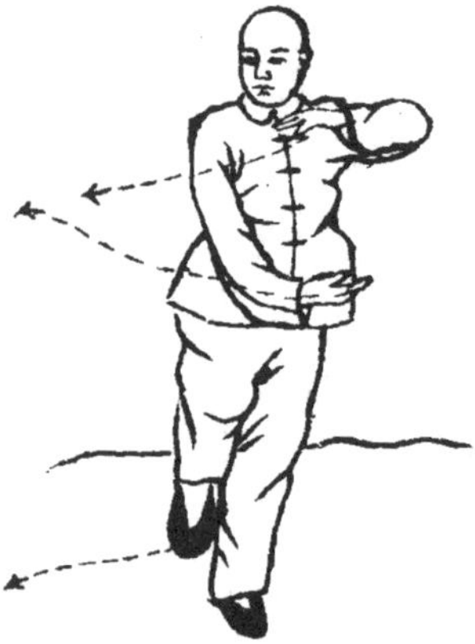

太極起式之八

10

太極起式之九

11

攬雀尾之一

12

攬雀尾之二

13

攬雀尾之三

14

攬雀尾之四

15

攬雀尾之五

16

攬雀尾之六

17

單鞭之一

18

單鞭之二

19

提　手

20

白鶴亮翅之一

21

白鶴亮翅之二

22

摟膝拗步之一

23

摟膝拗步之二

24

手揮琵琶之一

25

手揮琵琶之二

26

左右摟膝拗步之一

27

左右摟膝拗步之二

28

左右摟膝拗步之三

29

左右摟膝拗步之四

30

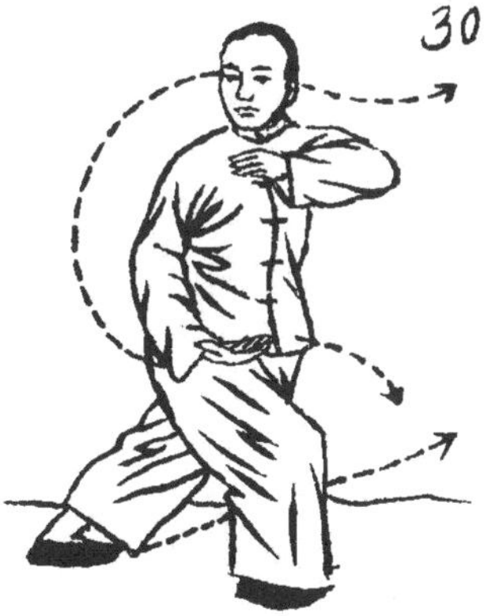

左右摟膝拗步之五

31

左右摟膝拗步之六

32

手揮琵琶

33

進步搬攔捶之一

34

進步搬攔捶之二

35

進步搬攔捶之三

36

進步搬攔捶之四

37

如封似閉之一

38

如封似閉之二

39

如封似閉之三

40

十字手之一

41

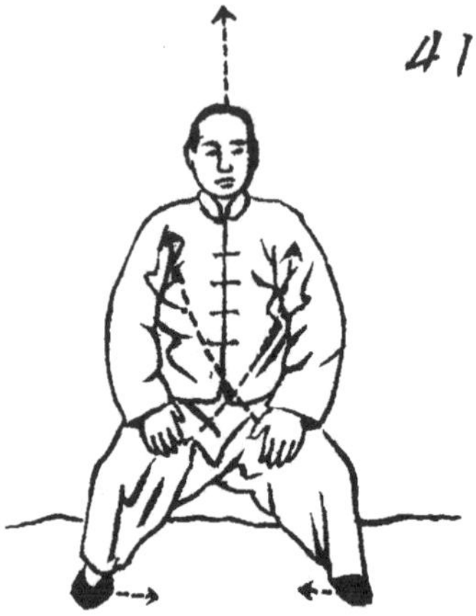

十字手之二

42

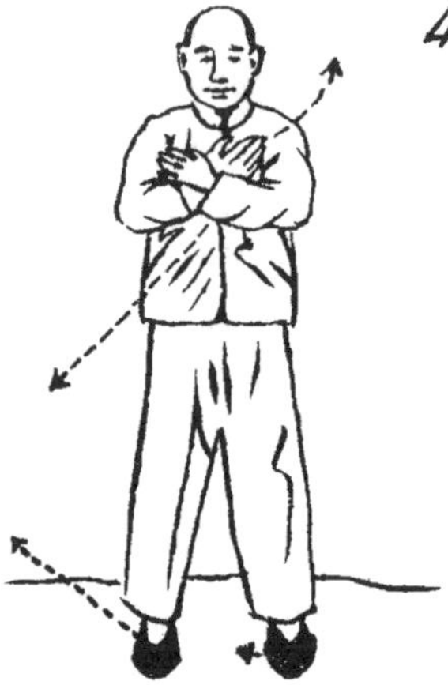

十字手之三

說明

1.此姿勢圖動作說明，詳本書第69頁至第86頁。

2.此圖自立正姿勢起至十字手止，計圖42個，合圖40計12式。

3.自第1圖起至第42圖止，均連以虛線，指明動作之趨向。

太極拳成就法

姿勢：合乎方圓，寓夫虛實。
動作：連綿不斷，如水之流。
態度：老僧入定，萬念俱息。
處心：借養身心，不以攻人。
練習至此境界，渾然無間，可與造化同參！亦可謂技近乎道矣。

著者識　三十二年七月二十六日

第一段　式數十二

第一式　術名　太極起式

【用法】此式為運動四肢之姿勢，用以注於全身，以備接演下式，為太極拳之開門式也。

【說明】由立正式，左腳向東出半步，兩腳距離等於自身兩肩之闊度，而直立全身，成自然之態度，兩肩鬆勁，兩手心內向，而兩手掌有使勁之意，眼正視，兩腳向南成平行線如第2圖。

由第2圖，兩足原地不動，仍開腳立正。兩手轉臂，緩緩由前向上平舉，兩臂舉與肩齊，兩手距離亦與肩同度，兩手背朝上，手腕下彎，掌與指下垂，鬆肩，墜肘，腰塌，脊豎，頭懸，全身放鬆，不用絲毫拙氣拙力，以心意行之，眼正視南，如第3圖。

由第3圖，兩腳地位仍不變動，而臂徐徐向裏微彎圜成圓形，兩手虎口（即大拇指食指之間）相對亦成圓形，兩手緩緩下按，同時按至臍前，上體含胸拔背，腰胯下沒，兩膝彎曲成九十度，鼻尖與膝蓋及足尖成垂直線，眼仍正視南。如第4圖。

由第4圖，腰胯向左扭轉，兩腳隨身向西磨轉八分之一，右實左虛。同時右手順勢上抬，屈肱墜肘平圓舉於西，掌心向內成半弧形；左手亦同時順身體向右扭轉，臂膊掌心向內正對心口，右臂成半月形，平屈於身前，此為掤法之一也。如第5圖。

由第5圖，兩臂不變動，右膝徐徐伸直，同時左膝提平小腿垂直，足尖下垂，全身亦隨之而伸直，上體稍向南，眼正視西南。如第6圖。

由第6圖，左腳向東南伸出，以足跟落地緩緩向東南膝彎曲成九十度，同時腰胯往東南徐徐扭轉，右腳由彎而伸，再伸直，腳尖順勢磨轉向南。同時左臂上抬，向東南掤出平舉於胸前，掌心向內，臂彎成半弧形；右臂由上徐徐下落掌向地，臂與右脇和右腿成平行線，身與腿之動作，須隨腰胯而動緩緩而行，含胸拔背，鬆腰頂勁為此路拳各個動作之不二法門也，眼正視東南。如第7圖。

由第7圖，兩腳原地不動，腰幹向左扭轉，正對東方。同時右臂隨身勢向東平攬橫於身前；同時左手腕翻轉，掌心向上，兩掌相照，左右兩臂均成弧形，如捧球然。每一動作，上下左右前後，要同時運動，無疾徐之分，均勻有制，則不失太極拳之本旨也。其定式如第8圖。

由第8圖，左膝徐徐伸直，右膝提起，小腿垂直，足尖下垂，全身舒展，腰塌，脊挺，頭懸，眼仍視東南。如第9圖。

由第9圖，右腳向西伸出以足跟先落地，同時左膝微彎右膝徐徐由伸而屈成九十度，同時腰胯向右扭轉，右腳伸直，左足跟磨轉向東北。

同時右臂抬起向西南□出，手腕翻轉掌心向內臂彎成弧形與肩平；同時左臂輔助右掤手即翻腕掌心正對於右腕，兩手不即不離，似捧球然，眼正視西南。如第10圖。

【術解】此種拳術為一氣渾淪空空洞洞，無思無慮，以心意為主旨，不作半點勉強態度。學者須在此中求理解，則深得自然式之太極拳三昧矣。

第二式　術名　攬雀尾

【用法】平提下按、掤起掤止、攌起攌止、推擠平按、右攬左攬諸法。

【說明】由第10圖右臂翻腕掌心向上，如接球狀往懷中攌向左圓轉。同時右腳伸直，左腳彎曲。如第11圖。

由第11圖，腰胯同時扭轉向左，兩臂隨身轉動，同時上抬右臂平舉於胸前成弧形，掌心向內，左臂翻腕，左手與右手相合如捧物狀，掌心正對右小臂虎口正對左肩，肘尖下墜，軀幹向東轉正，眼平視東。如第12圖。

由第12圖，腰胯扭轉向右，同時左腳伸直，右腳彎曲。兩臂同時順身勢向西掤出，兩手仍如捧物狀，右臂橫舉於右肩前成半月形，左臂彎懸於胸前，眼正視西南。如第13圖。

由第13圖，腰胯往後吞，含胸拔背，同時右腳伸直，左腳彎曲。兩手同時伸直，兩手撥開，即隨身向後吞，兩臂翻腕，兩掌心正向西南，手指分向左右向上成月彎形，眼平視。如第14圖。

由第14圖，身向西南吐出，兩臂同時隨身推出，如推物然，手指仰向前，兩臂平行與肩等，沉肩墜肘變成半月形。兩腳亦隨腰胯向前，右腳由伸而彎，左腳由彎而伸成虛勢，眼平視。如第15圖。

由第15圖．兩手腕下彎，同時腰胯向左扭轉，兩臂順勢向左平攬，似伸非伸，似曲非曲，形成各個弧形，臂與肩平。同時左腳由直而變曲，右腳由曲而伸直，成左弓式，身體向東，眼平視東。如第16圖。

【術解】以上太極起式及攬雀尾二式，分為十五動，插圖十五幅，然分析可謂細矣。按：此三式動作雖分，而精神不可分，其綿綿不斷之意盡在其中也。然而研究斯學者，深體斯意，則作者孤詣苦心白矣，蓋太極拳每一動作均以腰幹為軸，四肢為輪，軸動而輪轉，轉動自如，則拙氣拙力化矣。

第三式　術名　單鞭

【用法】此式為勾摟按掌之法。

【說明】由第16圖，腰胯復由左向右扭轉，右臂順身勢由左向右平攬一周，即向右平舉變勾，左手由左下垂繞圜經身前，向上抄至右脇間手心向上，右腳由伸變立，左腳由曲變懸成垂直立式，眼視西。如第17圖。

由第17圖，腰胯扭轉向左，左腳向東踏出一步，成左弓右箭步。同時左臂由右脇間向左肩前抄轉，復向東徐徐伸出意似平按，掌心與虎口正對左肩，右手仍勾，臂略抬平，仍舉於右，而肩須鬆，肘宜墜，胸宜含，背須拔，腰宜活，項須豎，眼平視。如第18圖。

【術解】此式先以右手勾摟，向左刁起，左手向內裹勁、即停於右肩前，以肘抱肋預蓄其勢。左足向東邁進，順軀幹扭轉，徐徐向東伸掌，須沉肩墜肘，兩眼注視兩手隨動作之轉移。沉墜者能使氣沉丹田。左手翻腕扭轉，乘勢順領其臂肘，使敵離開重心，再擊以掌，則勝負自判矣。

第四式　術名　提手

【用法】為擠按變化之法。

【說明】由第18圖，左腳尖翹起以足跟向西南磨轉。同時左臂平放，由西南平合。同時右腳略提，向西南伸足跟點地，足尖微翹，同時左膝微屈成前虛後實。同時右勾手隨右腳右下旁上提，手掌徐徐上翹變成掌，左掌合於右臂內彎，身順掌舒，眼視掌，腰胯下坐，肩肘下沉。如第19圖。

【術解】此式為伸縮全身關節腰腿之動作。設敵迎面襲擊或由上方而來，按其臂肘擠而出之，或化出而按其胸，或以左手按住敵手腕，用右手擊敵人之上部。然任何動作，全身須有伸縮相諧之能，以顯「鬆腰虛靈頂勁沉肩墜肘」之效，以助腰腹部分興起吸勁，所謂氣貫丹田是也。

第五式　術名　白鶴亮翅

【用法】此式為掤按提掛之法。

【說明】由第19圖，右腳略滑進半步磨轉足尖，由虛而變實，左腳同時隨右腳磨動，由實而變虛，兩膝稍彎，腰胯略轉向東南。同時右臂由前上徐徐繞圜下掛於胯旁，掌心向上指微屈；左掌同時翻掌下按，位置仍不變。如第20圖。

由第20圖，腰胯左轉下坐於右腿上，左腳仍屈腳跟上提足尖點地。同時右臂由後繞圜半周上提臂成半圓狀，掌心向下；左臂同時下按，掌心向下位於左膝前，亦成半弧形，上體順腰胯扭轉，眼平視東，兩臂斜分上下，似白鶴之展翅。如第21圖。

【說解】各式動作，以心意行之，兩臂轉動，全身即因之而動，一伸一縮，舒展自如，無半點勉強，則腰脊亦因之而舒展，而氣內斂如「氣貼背後斂入骨髓」之術語，可為體育之至寶也。

第六式　術名　摟膝拗步

【說明】由第21圖，軀幹向右擰轉，左腳隨之轉動，兩臂亦因之磨轉，左掌翻腕向上與右掌相對，兩手如捧球，由左往右旋轉，兩臂上下互掉，左臂橫於胸前，而掌近於右膀，右臂下垂掌心向上，眼亦隨臂之旋轉。如第22圖。

由第22圖，兩臂如抱球狀，旋轉時復由右往左旋轉一周。同時左腳向東北出一步膝彎，右腳即伸直。同時右臂由右耳邊向前平按，指端向上，臂成弧形；左臂同時下按過膝於左腿旁，身轉向東，眼平視。如第23圖。

【術解】此式為舒長兩臂，開暢胸襟，遇敵襲我，好以左手摟開，右掌乘勢擊敵。又演習摟膝拗步，均須塌沉，身手旋轉概以腰胯之力為主，並非以四肢運動腰胯，兩手經過之路線皆成圓圈，反覆兩次緩緩由左而右，再由右而左，復再前推平按。

第七式　術名　手揮琵琶

【用法】此式為活步鬆腰運用兩臂之法。

【說明】由第23圖，右腳向前活步靠近左腳後跟。同時右臂內縮，左臂即向前伸，提肛鬆腰，眼平視，兩臂右上左下，指均微向上翹，右膝稍彎。如第24圖。

由第24圖，右腳即站實，左腳即向東伸出，腳跟點地，足尖稍翹，右膝彎，左腳直，成右實左虛式。同時左臂上抄，起掌帶推勢，右手即縮回於左臂旁，兩臂均成弧形，眼視左掌。如第25圖。

【術解】此式分為兩動，以明動作之程序，雖然分為兩動，兩手與全身，尚須徐徐繼續不斷的運動，其功用增強兩臂伸縮之力。設於右手彼敵所執，即將縮回向懷中帶，左手即由下上抄，解脫敵纏，復乘勢推擊敵之肩部，或托敵之臂肘，為擠勢之運用。

第八式　術名　左右摟膝拗步

【用法】為伸縮兩臂活動腰膝之法。

【說明】由第25圖，左腳尖著地，腳跟向左磨轉，右腳仍彎，腳掌向右磨轉，軀幹順腿之磨動扭轉向右。同時左手收回，手心向下平回半圜，左臂橫於胸前，掌與右肩齊，右臂同時下垂，由前下經腰胯至右腿旁，手臂成弧形。如第26圖。

由第26圖，軀幹向東北旋轉，左腳即向東出一步，由虛變實，右膝由曲而伸。同時左臂由肩前下按，摟至左腿旁，手心向下；右臂同時由下右後揚起，經右耳門前向東推擊，眼視掌為轉動。如第27圖。

由第27圖，軀幹向左扭轉，同時右腳跟稍向南磨轉，右臂縮回平屈於胸前；掌心向下，左手即翻腕，掌心向上垂於左脇旁成弧形，兩掌心上下相照，身軀轉向東北，全身鬆開，眼視東北。如第28圖。

由第28圖，軀幹向東轉正，同時右腳向東南出一步。左臂同時向西北由下往上，經耳前繞轉一周，緩緩向東推按；右手由身前下摟過右膝至右腿旁，含胸拔背，眼視左掌，兩腳前弓後箭，兩臂運用隨胯旋轉而進。如第29圖。

由第29圖，兩腳步位不變，腰胯略向右轉，同時左手翻腕向下，右

臂同時往下後攬，即翻腕手心向上，身轉向南，眼平視。如第30圖。

由第30圖，左腳即向東北出一步踏實膝彎，右腳須順腰胯緩緩伸直。同時右臂由右下回轉向西南經右肩上揚起復經耳邊即向東推按，左手摟過左膝於左腿旁，軀幹轉正，眼視東。如第31圖。

【術解】太極拳摟膝拗步，以塌腰鬆肩、舒展兩臂為主，兩手運動速率須與腰胯轉運快慢為正比例，兩眼全注視手之起落，以不即不離為依歸。

第九式　術名　手揮琵琶

【用法】此式與第七式同。

【說明】由第31圖，右腳活步向左，右腳跟靠近左腳膝彎，同時左腳即向東伸出半步。同時兩臂左伸右縮，左臂翻腕由下往前上抄，指端向上；右臂向懷中縮回橫於胸前，掌近左肘旁，手指上翹，腰胯扭轉，鬆肩墜肘，兩臂成弧形。如第32圖。

【術解】此式與第七式同，惟第七式由白鶴亮翅變為手揮琵琶，此式由摟膝拗步而成，此式起式架勢雖異，而手臂與身樁步位尚無甚懸殊，所以變動時略與第七式同，而第七式分析兩動，此式併為一動，因前式既明動作之程序，此式當節約而免虛耗光陰耳。

第十式　術名　進步搬攔捶

【用法】搬攔為化敵制敵進擊之法。

【說明】由第32圖，左腳跟磨轉，腳尖撇向北，右腳磨轉，胯下坐，兩膝下彎為坐勢。兩臂同時翻轉，左掌向下橫於臍前，右掌向上橫於胸前，全身轉向北眼平視。如第33圖。

由第33圖，身軀稍東轉，同時右手指捲曲如拳，右小臂以肘為軸翻轉，由懷中向外撇開；同時左掌隨右拳翻轉，略向西縮，眼平視東，鬆

肩墜肘，腰胯放鬆擰轉。如第34圖。

由第34圖，右腳向東出半步，腳尖撇向南，腰胯向右轉，兩腳下彎。同時左臂向東平推下按，指端向上，臂成弧形；右拳向懷中縮回置於右腰間，脈膊向上，眼平視東。如第35圖。

由第35圖，左腳向東復出一步踏實膝彎，右腳伸直，成前弓後箭步。同時右拳向東衝擊，拳眼斜向上，左掌即縮回護於右臂旁，含胸拔背，眼平視東。如第36圖。

【術解】太極拳，以搬攔捶一式為變化之妙，以捶為攻擊之巧，練功實用均有獨到的精神。撇攔進擊為左搬右轉，鬆腰墜肘，含胸拔背，軀幹轉動之靈活，尤為致用之妙術。

第十一式　術名　如封似閉

【用法】為格敵封閉推按之法。

【說明】由第36圖，腿胯向右後坐，身腰向內吞，右腿下彎，左腿伸直。同時右捶伸開變掌，手心向上，隨身向後吞；左臂即翻轉承於右臂之下，儘量向前伸出，掌心朝上，意似格敵，眼平視。如第37圖。

由第37圖，兩臂同時翻腕向左右撥開，兩臂即向後吞回，掌心向前，手指微屈，右腿仍彎，左腿直，含胸拔背，眼平視前。如第38圖。

由第38圖，腰幹腿胯向東吐出，同時兩臂緩緩隨軀幹向東平按。兩腿同時變換，左腳由直而彎，右腿由彎而直，成前弓後箭步。如第39圖。

【術解】假如右捶被敵格拒，我即出左手承於右臂之下，橫出以化敵，兩臂復再回護上部，以避敵乘勢推按之。

第十二式　術名　十字手

【用法】此為防上禦下之法。

【說明】由第39圖，身軀向右轉正，同時右腿下彎，腰胯下沉，形似四平襠，左實右虛。兩臂同時隨身軀向右上方轉正，兩掌向前，形似滿月，眼平視。如第40圖。

由第40圖，兩臂順軀幹轉動，同時由上分向左右緩緩下按至前，兩手心向內如抱月，然兩腿順腰胯擺動，由左弓而馬式而右弓式，左虛右實，腿下沉，仍成四平襠，含胸拔背，眼平視。如第41圖。

由第41圖，兩腿緩緩直立，兩腳同時向內收與肩同寬，兩腳直立於平形線上。兩手交叉，掌心向內，兩臂隨身體徐徐上升，由下而上交叉，圜抱於胸前。惟上升時，兩膝與腰胯及肩背各部，由下而上，同時兩膝由左至右平旋一週，連續至腰胯再平旋一周，連續至肩背，再由左至右平旋一週，而身體必須儘量上升，不使有左右擺動傾斜之勢，眼正視南。如第42圖。

【術解】此式兩臂轉動，隨身體左右上下而動，然而臂之由上而下由下而上，兩臂同時運動所經之空間，為內外兩大圓徑，兩手之在下與在上，均成交叉點，形成滿月，如抱物然。

參考資料　王宗岳先生著太極拳譜

歌訣一

順項貫頂兩膀鬆，束烈下氣把襠撐，胃音開勁兩捶爭，五指抓地上彎弓。「虛靈頂勁氣沉丹田，提頂調襠心中力量，兩背鬆然後窒」，開合按勢懷中抱，七星視如車輪，柔而不剛，「彼不動，己不動，彼微動，而己意已動」，「由腳而腿，由腿而身，如練一氣，中轉鵲之鳥，如貓擒鼠」，「發動如弓發矢，正其四體，步履要輕隨，步步要滑齊」。

（未完）

第二段　步位路線圖與姿勢連環圖如下。

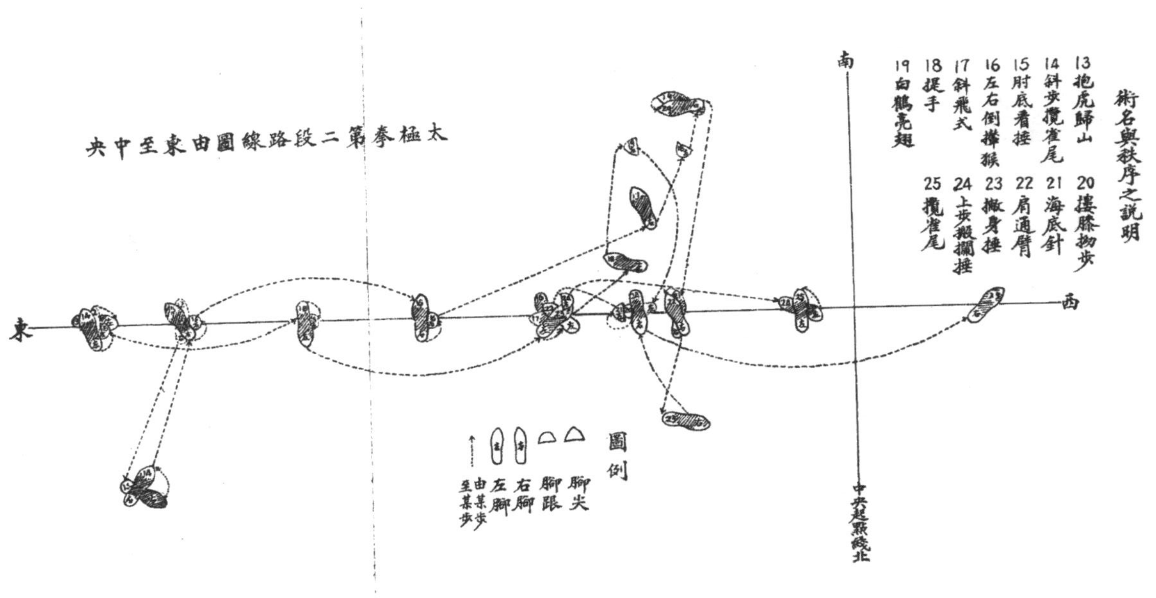

43

抱虎歸山之一

44

抱虎歸山之二

45

抱虎歸山之三

46

斜步攬雀尾之一

47

斜步攬雀尾之二

48

斜步攬雀尾之三

49

斜步攬雀尾之四

50

斜步攬雀尾之五

51

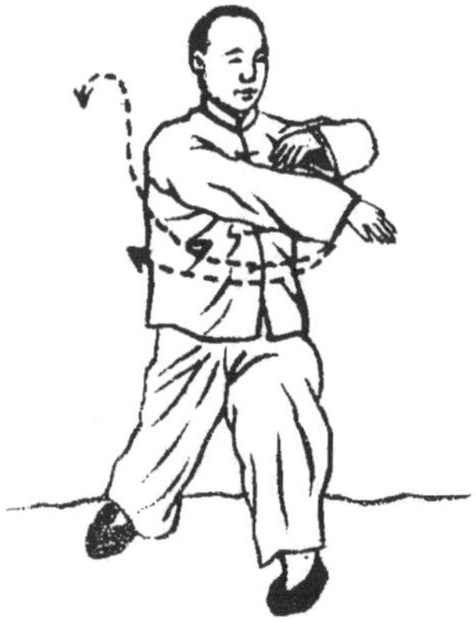

斜步攬雀尾之六

52

肘底看捶之一

53

肘底看捶之二

54

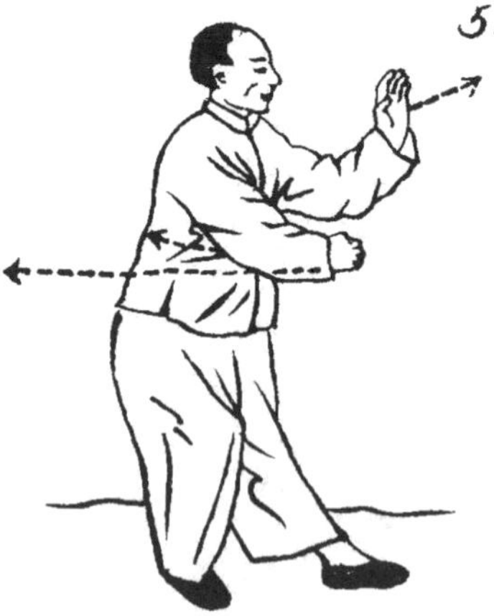

肘底看捶之三

55

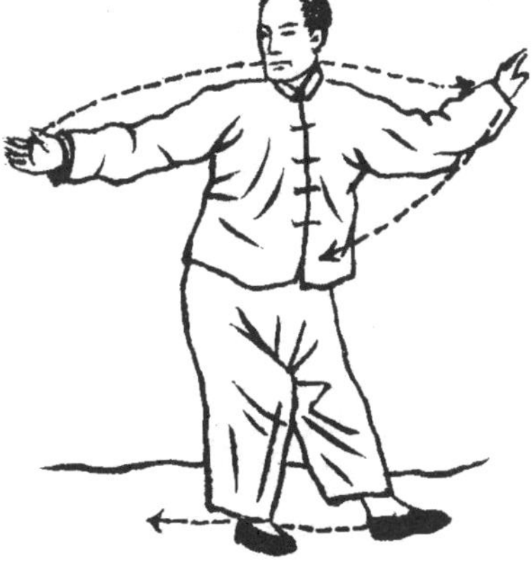

左右倒攆猴之一

56

左右倒攆猴之二

57

左右倒攆猴之三

58

左右倒攆猴之四

59

左右倒攆猴之五

60

左右倒攆猴之六

61

斜飛式之一

62

斜飛式之二

63

提　手

64

白鶴亮翅之二

65

白鶴亮翅之二

66

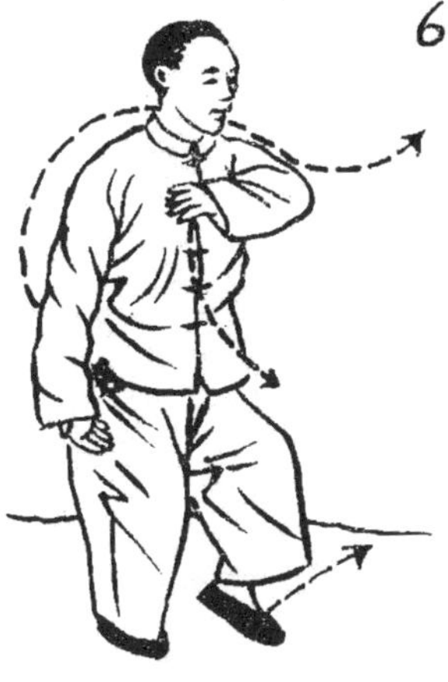

白鶴亮翅之三

67

摟膝拗步之二

68

海底針之一

69

海底針之二

70

肩通背之一

71

肩通背之二

72

撇身捶之一

73

撇身捶之二

74

上步搬攔捶之一

75

上步搬攔捶之二

76

上步搬攔捶之三

77

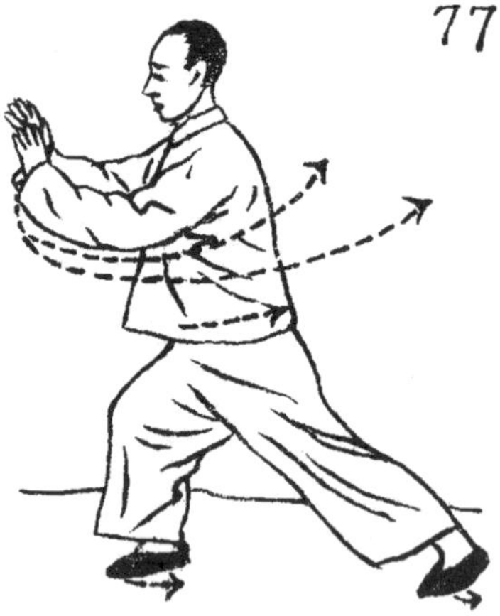

進步攬雀尾之一

78

進步攬雀尾之二

79

進步攬雀尾之三

80

進步攬雀尾之四

81

進步攬雀尾之五

82

進步攬雀尾之六

說明

1.此段姿勢圖動作說明，詳本書第99頁至第113頁。

2.此圖自抱虎歸山姿勢起至進步攬雀尾止，計圖40個，合計13式。

3.自第43圖起至第82圖止，均連以虛線，並畫矢頭，指明動作之趨向。

參考資料

太極拳是柔軟運動中最合衛生生理者，嘗見病家操太極拳者，雖病亦不危，雖危亦不險，蓋其人內臟堅定不易損壞故也，又有病後，冀其早日康復等情，亦可藉太極拳，而使氣血活動，受病之部易以匡復也。聊陳管見質之。

志青先生　致之

孫建康時寓昆明題

於抗戰六週年七月廿日

第二段　式數十三

第十三式　術名　抱虎歸山

【用法】此為採挒起承之法。

【說明】由第42圖，兩手仍圜抱，軀幹向西北扭轉，兩腿下沉膝彎。同時兩掌翻腕手心向下即握拳，眼正視東南。如第43圖。

由第43圖，右手向西北斜下按，軀幹復向東南轉動，右手隨即向東南斜上托。右腳隨右手向西北撤步，此時全身重量坐於左腿上，右腳虛面直，左腳實而彎，眼平視西北。如第44圖。

由第44圖，左手隨即回轉由左耳邊向西北推按，掌邊向前，指端向上，腰胯亦同時隨之轉動，左腳伸右腳屈，右手下按於左腿外，手心向下，眼視西北。如第45圖。

【術解】此式為太極拳實施之妙用，翻腕握拳即謂之採，撤步按手謂之挒，此即為採挒之法也。

第十四式　術名　斜步攬雀尾

【用法】此式為掤攦擠按及轉變之法。

【說明】由第45圖，兩腳原位不動，右腿伸左膝屈成左反弓式。同時左臂翻腕，掌心朝上；右臂由右下翻腕斜上伸，掌心朝下，兩掌心上下相對，如捧物向懷中攦回意。如第46圖。

由第46圖，兩手向左攦至懷中時，腰胯即扭轉向東南，右臂即平提，掌心向上，左臂向外掤，掌心向下，右臂即翻腕與左手掌相對，兩手仍如捧物狀。同時兩腳向東南磨轉成左弓式，眼視東南。如第47圖。

由第47圖，軀幹磨轉向西北，右手隨即上提，掌心向內往西北掤出，左臂略轉，兩拳心相對，順勢擠按。同時兩腿亦由伸而變彎，由彎而變直成右弓式。如第48圖。

由第48圖，而腿姿勢，右腿伸，左腿屈成右虛式，腰胯向內吞。同時兩手舒長，即向左右撥開，指端向上，身朝西北，兩臂彎成弧形平懸於胸前。此式注意含胸拔背、鬆腰墜肘諸要旨，眼平視西北。如第49圖。

由第49圖，軀幹不動，腰胯向西北吐出，兩手順勢向西北推按，兩臂形似半月，兩掌心微向前，指端仍向上。左腳由彎而伸，右腳由伸而彎，眼平視西北。此式須注意頭頂項豎、沉肩、墜肘、含胸等要旨。如第50圖。

由第50圖，兩掌即下垂，兩臂平舉，右肩在外圈，左臂在內圈即向東平擺，同時軀幹亦隨之向東扭轉，左腳由直變彎，右腳由彎變直，眼視東南，注意沉肩墜肘鬆腰。如第51圖。

【術解】此式動式凡六，與前攬雀尾同，惟方向及承前起後動式之不同，所以開始及結局二動亦異，為便於初學明瞭起見，不惜辭費，詳注圖說以明之。

第十五式　術名　肘底看捶

【用法】此式為扭身轉變劈打衝擊之法。

【說明】由第51圖，右臂由左外方內向平攦一圜，即向右平摟舉於西北方，右掌微向前傾，左手下垂由右下方繞圜一周，掌即向上抄至右腰間。同時腰胯向右扭轉，左腳由彎而懸，右腳由伸而立，眼平視西北。如第52圖。

由第52圖，左腳跟向東南落地，腳尖微翹，同時右腳稍彎成左反弓式。同時軀幹向左扭轉，即由腰間經右肩向前翻掌由上下劈，即轉向東徐徐按掌，右臂仍平舉於右，眼平視東。如第53圖。

由第53圖，右腳即跟上左腳向南出半步，腳尖向東南，左腳再向前伸出半步，腳尖稍翹，右膝微彎，腰胯向東旋轉，右臂由右上方向東南下按，畫一大圓至左臂時，左臂繞向內，即向上抄，同時右手握拳，拳眼朝上，左臂同時屈肘，手指朝上，手心向南，右拳置於左肘之下，眼平視東。如第54圖。

【術解】此式全身旋轉時，手足同時運用，不露半點拙氣拙力。

第十六式　術名　左右倒攆猴

【用法】為以退為進卻敵法。

【說明】由第54圖，右捶放鬆，由左肘下往後方圓轉於西南上方平橫；同時左手平放，心微向前，軀幹稍向右轉，眼視右手。如第55圖。

由第55圖，右手由西往上轉至右耳邊，向東按掌。左腳同時向後退半步，膝彎，右腳伸直，腳稍翹，全身坐於左腳上。左手翻腕，同時下環轉於腰間，手心向上，右腳轉向東，眼視右掌。如第56圖。

由第56圖，右按掌不動，左手同時由腰間向後圜轉平橫於西，與右臂東西成縱直線，掌心向上，體稍向左轉。同時兩腳略向西北磨轉，眼視左手。如第57圖。

由第57圖，左手向後轉至耳邊即向東按掌，右手翻腕下垂，圜轉至右腰間，掌心向上。同時右腳後退半步膝彎，左腳伸直，全身坐於右腳上，左腳尖向東翹，眼注視東。如第58圖。

由第58圖，左手翻腕平放，掌心向上；右手往後圓轉平舉於西，掌心向上與右臂東西成一縱線，軀幹順勢向右扭轉，兩腳亦磨轉向右，眼轉視右掌。如第59圖。

由第59圖，右手由西即轉至右耳邊，向東按掌；同時左腳向後退半步膝彎，右腳伸直，全身坐於左腳上。左手翻腕下垂引回圜轉至左腰間，掌心向東。右腳尖微翹，眼注視東。如第60圖。

【術解】此式兩腳前虛後實，兩臂一往一來形似車輪，出左手退右步，左右互換一虛一實，為沉肩鬆腰，旋轉變化之極則。

第十七式　術名　斜飛式

【用法】為轉變進擊之法。

【說明】由第60圖，全身向左扭轉，同時左手由腰間往西上圓轉至左肩前，兩掌心上下相合，如抱球狀，左手心朝下，右手心朝上，兩腳亦隨腰胯轉變，左實而右虛，眼視東。如第61圖。

由第61圖，右手旋轉隨右腳向西南上托，即右斜向上掤，左手向東北下按斜向下。同時右腳向西南出一步膝彎，左腳伸直，眼視西南，如第62圖。

【術解】此式設敵人由右側上方進擊，我即轉身，乘其勢之未至，兩臂即開動將臂上托或斜擊其身後，填之以右腳使敵失去重心。此為反

守為攻之法也。

第十八式　術名　提手

【用法】為擠按之法。

【說明】左腳收回向右腳靠攏，同時向西南出半步，左腳彎右腳伸，腳跟點地。右手內合手臂成弧形，指與肩齊；左手由後向右臂相合，於右肘內兩手指均向上、眼注視西南，全身坐於左腳上。如第63圖。

【術解】此式與第四式同，前式由單鞭而變提手，此式由斜飛式；兩式雖同，銜接處則異，用法亦殊。

第十九式　術名　白鶴亮翅

【用法】為掤按提掛之法。

【說明】左腳略進半步，磨轉足尖向東南由虛而實，左腳隨右腳磨轉，由實而虛，兩膝稍彎。同時右臂由前圓轉下掛，手心向上；左手隨身旋轉，橫於胸前掌心向下。如第64圖。

由第64圖，腰胯左轉下坐於右腿上，左腳微曲，腳跟上提，足尖點地。同時右臂由後繞圓半周，上提掤手，成半圓狀，掌心向下，位於左膝前亦成半弧形，上體順腰胯扭轉，眼平視東南。如第65圖。

【術解】此式與第五式同從略。

第二十式　術名　摟膝拗步

【用法】為伸縮兩臂活動腰胯，為避實侵虛之法。

【說明】軀幹向右擰轉，左腳隨之轉動，兩臂亦仍磨轉，左掌翻腕向上與右掌相合，兩手如捧圓球，由左往右旋轉，兩臂上下互掉，左臂橫於胸前，而掌近於右膀，右臂下垂掌心向上，眼亦隨臂之旋轉。如第66圖。

由第66圖，兩臂如抱球旋轉時，復由右往左旋轉一周。同時左腳向東北出半步彎膝，右腳即伸直，同時右手由右耳邊向前平按，指端向上，臂成弧形；左手同時下摟過膝於左腿旁，身轉向東北眼平視東。如第67圖。

【術解】此式與第六式同從略。

第二十一式　術名　海底針

【用法】為伸縮腰脊解纏法。

【說明】由第67圖，右腳向東滑進半步，左腳即收回半步，腳尖點地，同時兩臂隨腰脊收回於懷中。如第68圖。

由第68圖，復前向斜下指，右手指尖斜向前，掌心向左；左掌護於右，掌心向下，眼平視前。如第69圖。

【術解】此式右臂直下為解脫敵纏唯一之妙法。

第二十二式　術名　肩通臂

【用法】為練肩背之勁通於臂指之法。

【說明】由第69圖，兩腳原位不動，兩臂收回於懷中，上體稍向右扭轉，腰背拔起，隨兩臂作蓄勢待發之狀。如第70圖。

由第70圖，右腳不動，左腳向東南出半步膝彎，右腳同時伸直。兩臂隨腰腿向東南推出，右掌位於額前，左掌乘勢向左上角按出，兩掌心向前，指尖均向東南，眼視左掌。如第71圖。

【術解】此式練習肩之勁通於指臂，遇敵襲擊出掌以制之。演式時兩臂如一，兩掌之勁由足跟而腰胯，以及肩肘勁貫於指掌。

第二十三式　術名　撇身捶

【用法】為閃身化敵乘機反擊法。

【說明】由第71圖，右腳磨轉向南，全身仍坐於左腿。左臂屈時繞轉向南，掌心向外，右臂屈時轉向西，掌即握拳，掌心向下，眼轉視西。如第72圖。

由第72圖，右腳即向西北出一步，同時腰胯向右扭轉，右膝隨之而轉，左腳伸直。右手握拳隨腰圓轉，左腳伸直，右手握拳，隨腰圓轉，即以肘為軸繞轉一周向西撇捶，拳心向上收藏於腰間；左掌同時繞拳上往西按出，本身坐於右腿上，眼視西。如第73圖。

【術解】此式為靈活腰胯內轉及撇捶以擊敵，閃身以化敵，探掌以試敵，此為應用之法也。

第二十四式 術名 上步搬攔捶

【用法】為進步化敵反擊法。

【說明】由第73圖，右臂由腰間抬起，捶即變掌，掌心向下；同時左臂翻腕掌心向上，兩掌心相對，如捧物然，向懷中攌回。同時腰胯扭轉坐於左腿上，右腳由彎而直，左腳由直而彎，眼平視。如第74圖。

由第74圖，兩拳由懷中向左前下方圓轉，同時軀幹向左旋轉，右腳提起，腳即向西北撇踏實，同時軀幹向右扭轉於右腿上，左腳磨轉，膝支於右腿後，兩膝稍彎。同時右掌變拳以肘尖為軸，自左至右旋轉一週，即搬至右腰間，同時左掌護持於右臂，旋轉即向西平按，眼視西。為第75圖。

由第75圖，左腳即向西出一步踏實，同時右腳伸直成左弓式。同時右肘後引，拳復即向西沿左掌衝出，左掌即護持右臂，同時軀幹由右向左扭轉，眼平視西。如第76圖。

【術解】此式與十式同，惟承啟銜接不同，而功效則一。

第二十五式　術名　進步攬雀尾

【用法】此式為轉變應化之法，亦即為太極拳中主要之法。

【說明】由第76圖，右腳向西進一步，踏實彎膝全身坐於右腿上，左腳即伸直。同時右拳鬆開變掌，翻腕手心向下，左臂伸直手心朝上，兩手姿勢如接球狀，眼視西。如第77圖。

由第77圖，兩臂同時往懷中攦即向左圓轉，同時右腳伸直，左腳彎曲，腰胯同時向左扭轉。兩臂隨身軀轉動，同時上抬，右臂平舉於胸前成弧形，掌心向內；左臂翻腕，左手心與右手心相對，肘尖下墜，軀幹轉向正東，眼注視東。如第78圖。

由第78圖，同時左腳伸直，右腳彎曲。兩臂同時順身勢向西掤擠，兩手仍如捧物狀，右臂橫舉，於右肩前成半月形，左臂彎懸於胸前，眼注視西。如第79圖。

由第79圖，腰胯往後吞，含胸拔背，同時右腳伸直，左腳彎曲，全身坐實於左腿上。兩手同時向左右撥開，即隨身往後吞，兩手翻腕，兩手心正向西南，手指分向左右，斜向上成月彎形，眼視西南。如第80圖。

由第80圖，身向西南吐出，兩手同時隨身向西南推按如按物然，手指仰向前，兩臂平行與肩等變成半月形，兩腳亦隨腰胯向前吐，右腳由伸而彎，左腳由彎而伸，成右弓式，眼注視西南。如第81圖。

由第81圖，兩手腕下彎，同時腰胯向左扭轉，兩臂順勢向左平擺，兩手似伸非伸，似曲非曲，形成各個弧形，臂與肩平。同時左腳由直而彎，右腳由曲而伸，成左弓式。如第82圖。

【術解】與第二式同惟銜接處略異，以起手為進步耳。

太極拳成就法

姿勢：合乎方圓，寓夫虛實。　動作：聯綿不斷，如水之流。

態度：老僧入定，萬念俱息。　處心：藉養身心，不以攻人。

練習至此境界，渾然無間，可與造化同參，亦可謂技近乎道矣。

著者識於慧金剛誕日六月二十四日

第三段　步位路線圖與姿勢連環圖如下。

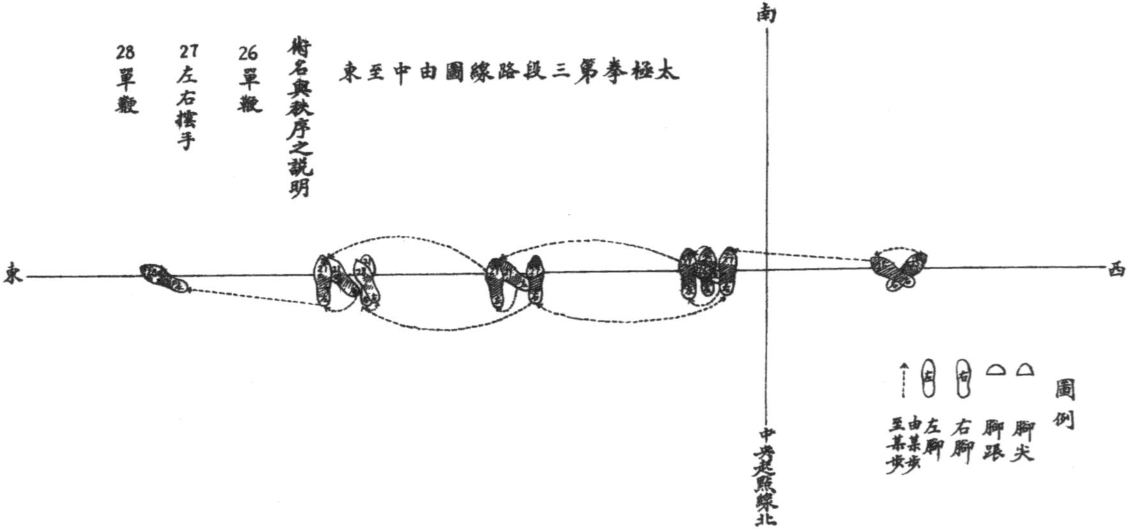

83

單鞭之一

84

單鞭之二

85

左右雲手之一

86

左右雲手之二

87

左右雲手之三

88

左右雲手之四

89

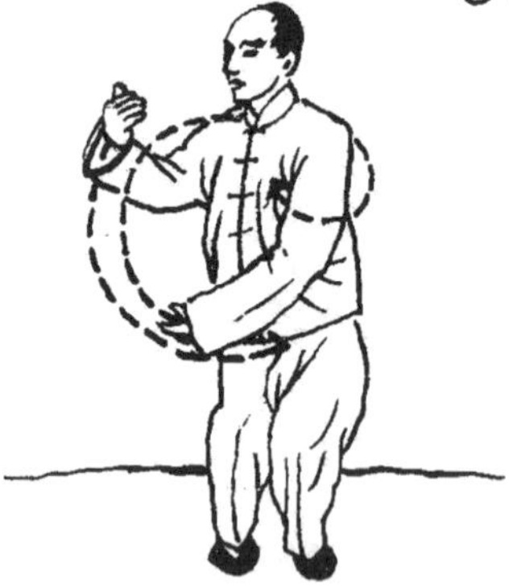

左右雲手之五

90

左右雲手之六

91

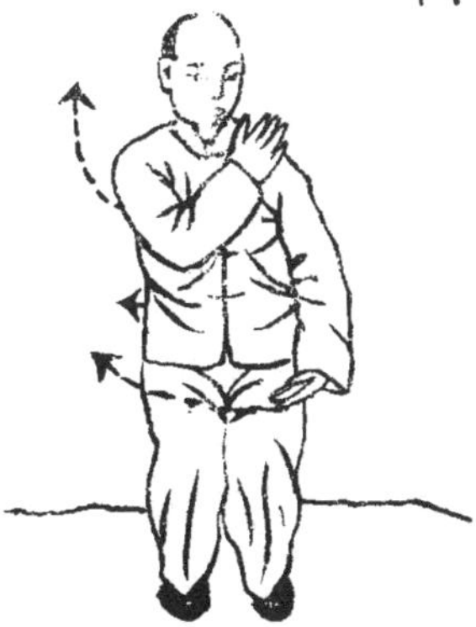

左右雲手之七

92

左右雲手之八

93

單　鞭

說明

1. 此段姿勢圖動作說明，詳本書第119頁至123頁。
2. 此圖自單鞭起至單鞭止，計圖11個，合計3式。
3. 自第83圖起至93圖止，均連以虛線，並畫矢頭，指明動作之趨向。

古今同道

三國志稱、華佗嘗言、吾有一術、名五禽之戲、一曰虎、二曰鹿、三曰熊、四曰猨、五曰鳥、亦以除疾兼利、號足以當導引、禽者鳥獸之總稱、蓋狀仰飛俯走之勢、為舞躍以養生、世傳太極拳法、柔而不剛剛而不猛、徐而不疾、環而不折、拱而不離、緜而不輟、有近於五禽之戲。志青先生精研斯道、垂四十年、所著太極正宗、闡幽顯蘊、深有得於華氏之遺意者也。

中華民國三十二年七月二十三日

鄭天挺敬題

第三段　式數三

第二十六式　術名　單鞭

【用法】為勾摟按掌之法。

【說明】由第82圖，腰胯復由左向右扭轉，右臂由左外方向右平摟一週，即向右平舉，掌變勾手；左手下垂，由左下方繞圜一週，掌即向上抄至右腰間。右腳由直變立，左腳由彎變懸垂，成直立勢，眼注視西。如第83圖。

由第83圖，右臂仍平舉於右，同時左手由右腰間經右肩前手指向上翻腕，即向東緩緩伸出按掌。同時左腳即向東進步，成左弓式，腰胯隨身向左扭轉，眼注視東。如第84圖。

【術解】此式與第三式同從略。

第二十七式　術名　左右雲手

【用法】為化敵護身之法。

【說明】由第84圖右勾手鬆開變掌，手往下垂隨腰往左圓轉一週，轉至左肩前手心轉向內。同時右腳隨右臂向東移半步，足尖點地，與左腳相靠。左手同時鬆開翻腕手心向下，隨腰往下向右圓轉，轉至小腹前掌心向上。如第85圖。

由第85圖，軀幹向右扭轉，兩臂隨軀幹旋轉，手心仍向內。兩腳尖同時向右磨轉，兩膝微彎，眼平視。如第86圖。

由第86圖，左腳向東橫一步，身軀即扭轉坐於右腳上。同時左手由右下方，經右側繞轉至左肩前，手心向內，左手由前繞轉一週雲至腹前，兩膝稍彎，眼平視。如第87圖。

由第87圖，軀幹向左扭轉，同時左手由肩前隨身旋轉，向上繞轉雲至左肩前，掌心向內，同時右腳向左腳靠近，腳尖點地，兩膝稍彎，眼平視。如第88圖。

由第88圖，軀幹復向右扭轉，兩臂隨軀幹旋轉，膝仍彎，眼平視。如第89圖。

由第89圖，左腳向東橫一步，軀幹即扭轉坐於左腳上，兩膝稍彎。同時左手由右下方繞轉，徑左側至右肩前，手心向內；同時右手由前繞轉一週，雲至腹前，眼平視。如第90圖。

由第90圖，軀幹向左扭轉，同時左手由肩前隨身繞轉向下，雲至腹前；右手由腹前經左側轉繞圜向上，雲至左肩前，掌心向內。同時右腳向左腳靠近，腳尖點地，兩膝稍彎，眼平視。如第91圖。

由第91圖，軀幹向右扭轉，兩臂隨軀幹，旋轉手心仍向內，兩腳同時磨轉向右，膝仍彎，眼平視。如第92圖。

【術解】此式兩手圓轉如車輪，腰胯如轉軸，左手雲至右肩前，則右手伸直，右手至左肩前，左手伸直。雲右手，眼神與腰隨往右；雲左手，眼神隨往左。雲左手坐於左腿，雲右手坐右腿。

按此式全套太極拳，中有三次重複演習，惟第一次與第三次均係一式中雲三次，唯第二次中，須重雲四次者，其因係野馬分鬃為四隅，則以雲手為四正，前後二次，雲手各雲三次，係配倒攆猴三三之數，以及均勻步位之意。學斯道者宜細心研究之。

第二十八式　術名　單鞭

【用法】為轉變銜接之法。

【說明】由第92圖，右小臂翻腕下弔，由上往下圓轉一週，向右平舉，掌成勾手；同時左手由腰間圓轉至左肩前，掌心翻轉向左，指尖向上，即向東緩緩伸出按掌。同時左腿提起隨左手向東出一步，腰胯隨身勢扭轉向左，眼視左掌。如第93圖。

【術解】此式與第三式同，惟銜接處殊，動作亦異。

參考資料　王宗岳先生著　一續　太極拳譜

歌訣二

舉動輕靈神內斂，莫教斷續一氣研，左宜右有虛實處，意上寓下後天還，「一舉一動，周身俱要輕靈，尤須貫串」「氣宜鼓盪，神宜內斂，無使有凸凹處，無使有斷續處」「其根在腳，發於腿，主於腰，形於手指，由腳而腿而腰，總須完整一氣，向前退後，乃得機得勢」「有不得機得勢處，身便散亂，其病必於腰腿中求之」「上下前後左右皆然，凡此是意不在外面有上即有下，有前即有後，有左即有右，如意要向上，即審下意，譬之將植物掀起，而加以挫之之力，斯其根自斷，損壞之速乃無疑」「虛實要分清楚，一處自有一處虛實，虛實總此一虛實，周身節節貫串，無令絲毫間斷。」

歌訣三

拿住丹田練內功，哼哈二氣妙地窮，動分靜合屈伸就。緩應急隨理貫通。「拿住丹田之氣，練住元形，能打哼哈二氣。」「太極者無極而生陰陽之母也，動之則分，靜之則合，無過不及，隨屈就伸。」「人剛我柔，謂之走，人背我順謂之黏。」「動急則急應，動緩則緩隨，雖變化萬端，而理與性惟一貫，由著熟而漸至懂勁，而階級神明，然非用力之久，不能豁然貫通焉。」

第四段　步位路線圖與姿勢連環圖如下。

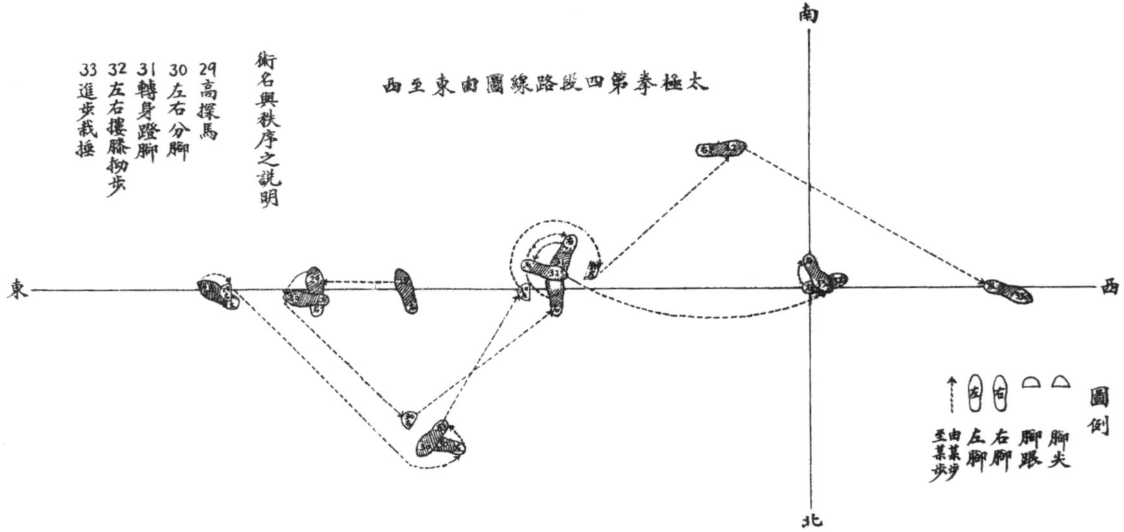

94 高 探 馬

95 左右分脚之一

96 左右分脚之二

97 左右分脚之三

98

左右分腳之四

99

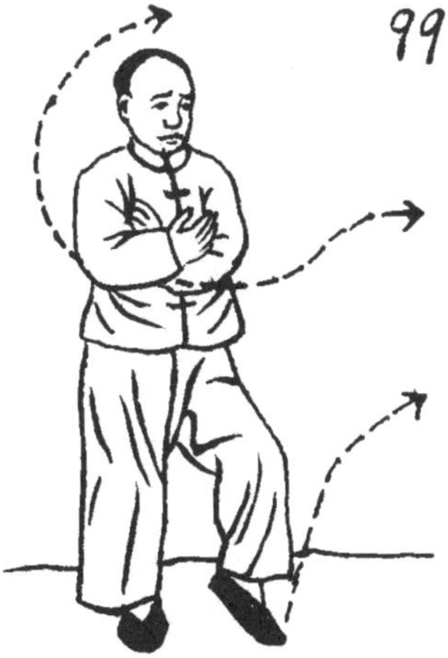

左右分腳之五

100

左右分腳之六

101

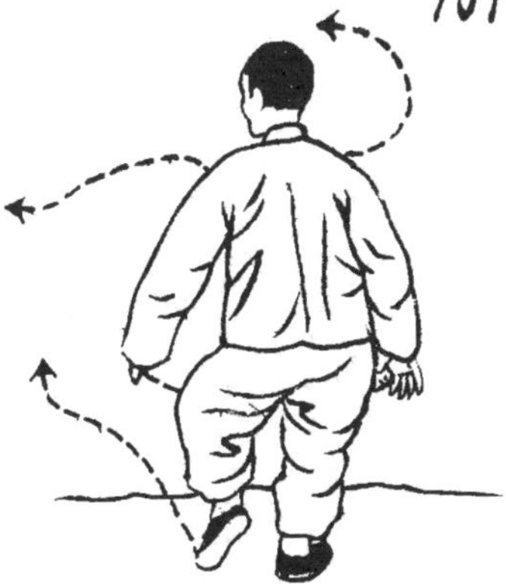

轉身蹬腳之一

102

轉身蹬腳之二

103

左右摟膝拗步之三

104

左右摟膝拗步之二

105

左右摟膝拗步之三

106

進步栽捶

說明

1.此段姿勢圖動作說明，詳本書第130頁至135頁。

2.此圖自高探馬起至進步栽捶止，計姿勢圖13個，合為5式。

3.自第94圖起至106圖止，均連以虛線，並畫矢頭，指明動作之趨向。

第四段　式數五

第二十九式　術名　高探馬

【用法】為縮步聳身化敵法。

【說明】由第93圖，右手由右後方上圓轉，經右耳邊向東探出，掌心下按；同時腰胯向左扭轉，左手隨腰轉收回置於左脇下，手心朝上。同時右腳往前活步，腳掌向左磨轉，膝稍彎，左腳收回足尖點地，腿伸直腰胯下沉，身轉向東，眼平視。如第94圖。

【術解】此式兩臂一伸一縮，是為術之運用。左右兩臂互相伸縮為探敵之法，聳身縮步吞吐並用，即為攻守變化之妙，此所謂探馬試騎之意也。

第三十式　術名　右左分腳

【用法】為後退反蹋法。

【說明】由第94圖左腳向西北後斜出半步，左腿伸直，右膝仍彎。同時左手向東南上斜伸，掌心向下；右手同時翻轉，掌心朝上兩掌相合，如捧球然。如第95圖。

由第95圖，同時腰胯向西北扭轉，左膝彎，右腳向左腳處收回，膝下彎腳尖點地。同時兩手向懷中攌，復向上提兩手成交叉於胸前，掌心微向內，眼視東南，身向東北。如第96圖。

由第96圖，兩臂徐徐向左右平推掌心向內。同時左腳直立，右腿上提，俟平時即向東南分腳，腳平舉於右，腳尖向下。惟兩臂與右腳動作同時向左右撐開，右臂平舉於右，左臂向上舉於西北，掌心向外，身體亦同時緩緩直立，眼注視右腳。如第97圖。

由第97圖，右腳向後繞轉，即落於西南，腿仍直，左膝下彎。同時兩臂向左上方往下雙繞圜，手心相對成攦式。如第98圖。

由第98圖，同時腰胯向右扭轉，右腳掌即向右磨轉，左腳即向右腿處收回，腳尖點地，左右兩腳仍微下彎。同時兩臂隨身轉動，復向上環抱兩手交叉於胸前，掌心微向內，身向南，眼視東。如第99圖。

由第99圖，右腳徐徐直立，同時左腿提平，即向東分腳，腳尖向地。兩臂與腳同時緩緩向左右推開，掌心微向內，左臂平舉，右臂斜上舉，掌心向外，身向正南，眼視左腳。如第100圖。

【術解】為應對前後被敵襲擊，於是以手應敵，以腳擊敵之脇部，手足齊發，使敵上下不能兼顧，則勝算在我也。

第三十一式　術名　轉身蹬腳

【用法】為回身卻敵之法。

【說明】由第100圖，左腳向左後掃腿，同時右腳掌向後磨轉一百八十度，左腳尖點地，兩膝微彎。同時兩臂高舉，復分向左右繞圜下落，經身前交叉復向上提交於胸前，身向正北，眼視西。如第101圖。

由第101圖，左腳提平，右腳伸直。兩臂同時徐徐向左右推開。同時左腳向西蹬出，腳尖向上以腳底乘機蹬敵脇敵，兩臂架住敵手，身仍向北，眼視正西。如第102圖。

【術解】此式為敵由後襲擊，轉身應敵，以手纏住敵手，乘機以腳擊敵中部，或敵襲前則我閃後，此為避實擊虛之法也。

第三十二式　術名　左右摟膝拗步

【用法】為架格擊敵法。

【說明】由第102圖，左腳向西南落地。同時左手收回橫於右肩前，掌心向下；右手隨即翻轉，掌心向上兩手心上下相照，如捧圓球。同時腰胯向左扭轉，左膝彎右腳直。左手由肩前往下向右膝前，按摟至左腿旁，右手由後往上經右耳前向西推按，兩手臂均成弧形，身向西，眼平視，如第103圖。

由第103圖，軀幹向左擰轉，同時兩手翻腕，右臂平橫於胸前，掌心向下橫於左肩前，左臂懸於左脇旁，手心朝上，兩手心上下相對，如抱太極，兩臂順軀幹擰轉，向左擺，身偏西南，眼視西。如第104圖。

由第104圖，右腳向西北出一步，膝彎成九十度，左腳伸直成前弓後箭步，同時腰胯向右後轉，右臂由胸前往下按摟過右膝前置右腿旁，掌心向下，左臂由下往後繞經左耳前往西推按，兩臂均成弧形，身與眼俱向西。如第105圖。

【術解】此式與第六式及第八式，惟方向與承上式之不同，其要點俱同。

第三十三式　術名　進步栽捶

【用法】化敵突擊法。

【說明】由第105圖，左腳由西南向西出一步成前弓後箭步，右腳由彎而直，左腳由直而彎。同時左臂收回虎口正對於右肩前，隨即緩緩往左膝前下按；同時右臂翻腕收回於腰間，隨即捲拳徐徐由右後上繞半圜於額前，拳心向下身向西，眼平視，如第106圖。

【術解】此式取佯攻之姿態，收下式之效果，此為術中虛實之變化耳。

熱腸俠骨

十一年夏隨吳師志青習國術於西南聯大，朝夕承訓，敬慕日深，覺先生之剛毅堅卓，雖微言細行之間，亦不稍爽，所謂古俠士風者也，謹書以獻、略表微忱。

生孫粹元敬題

第五段　步位路線圖與姿勢連環圖如下：

術名與秩序之說明

34 翻身白蛇吐信
35 上步搬攔捶
36 蹬腳
37 左右披身伏虎
38 回身蹬腳
39 雙風貫耳
40 左蹬腳
41 轉身蹬腳
42 上步搬攔捶
43 如封似閉
44 十字手

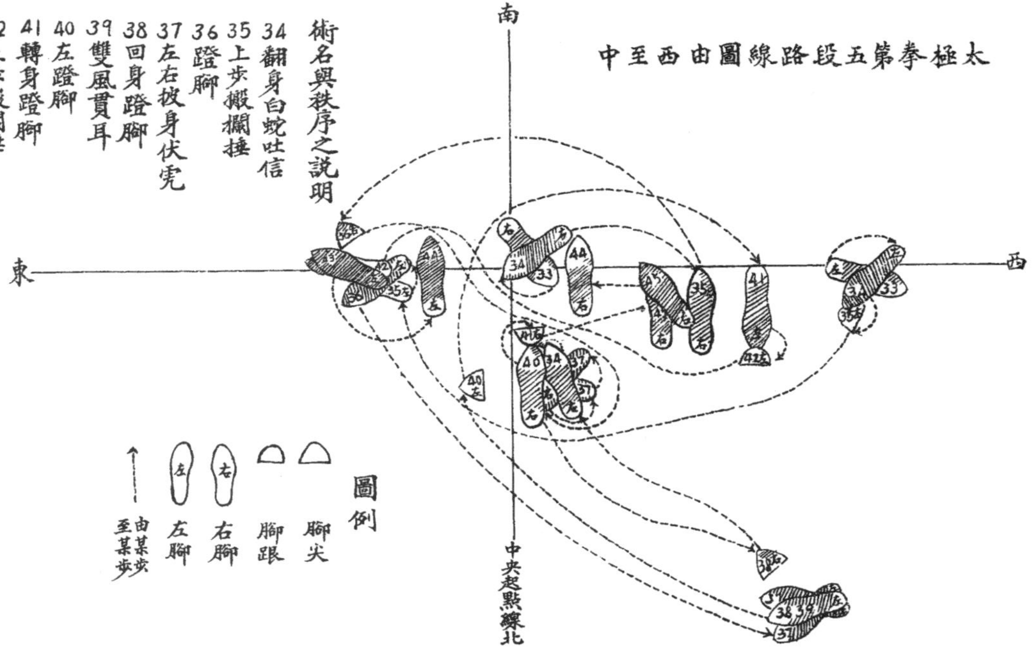

107

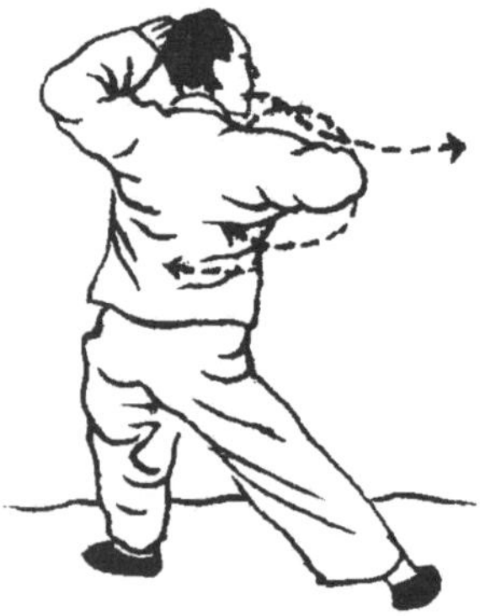

白蛇吐信

108

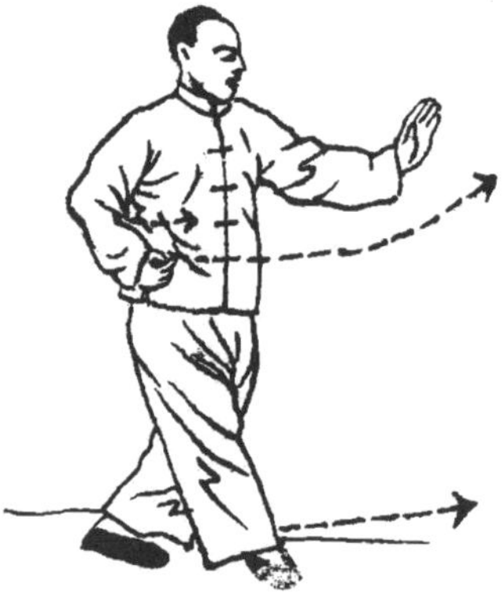

上步搬攔捶之一

109

上步搬攔捶之二

110

蹬足之一

111

蹬足之二

112

左右披身伏虎之一

113

左右披身伏虎之二

114

左右披身伏虎之三

115

左右披身伏虎之四

116

回身蹬腳之一

117

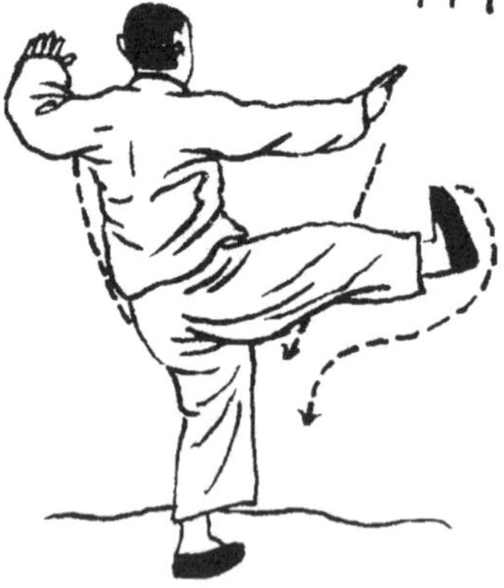

回身蹬腳之二

118

雙風貫耳之一

119

雙風貫耳之二

120

左蹬腳之一

121

左蹬腳之二

122

轉身蹬腳之一

123

轉身蹬腳之二

124

搬攔捶之一

125

搬攔捶之二

126

如封似閉之一

127

如封似閉之二

128

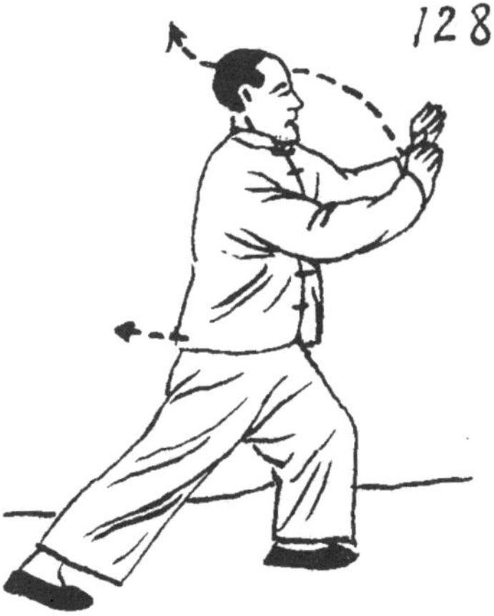

如封似閉之三

129

十字手之一

130

十字手之二

131

十字手之三

說明

1.此段姿勢圖動作說明，詳本書第145頁至155頁。

2.此圖自白蛇吐信起，至十字手止，計姿勢圖25個，合為13式。

3.自第107圖起至131圖止，均連以虛線，並畫矢頭，指明動作之趨向。

勇於上進

余以六年來，參加戰區工作、生活既無規律，營養更感缺乏！以致年未老而体漸衰，欲習太極拳以健身心，苦無良師久矣。是年春間，余隨褚慧僧先生來昆，得識吳志青先生，幸蒙諄諄指導，雖為時未久，獲益已多，吳先生研究太極精深，閱其大著，即知全豹、有志斯學者、願共勉焉。

志青導師

後學周新氏敬識卅二、七、廿二。

第五段　式數十一

第三十四式　術名　翻身白蛇吐信

【用法】此式與上式為首尾相應之法。

【說明】由第106圖，兩腳原位不變，左胯下坐，腰向右轉，翻身向北，面向東，眼平視。同時左拳翻腕上提平屈於右肩前，左臂由前高舉於前上方，臂彎成弧形，掌心向外。如第107圖。

【術解】此式為承起變化之式。假如敵襲我之後，我即翻身掉首以應之，此所謂常山之蛇擊尾則首應是也。

第三十五式　術名　上步搬攔捶

【用法】此式以搬攔化敵法。

【說明】由第107圖，右腳踏實地提起腳心向東撇，腳尖朝南落地；

同時左腳掌向左磨轉，兩膝稍彎，右膝在前，左膝在右腿後。同時軀幹向右扭轉，右肘由下往上翻轉，拳心向上，鬆肩，右臂往後抽回於腰間；左手隨即下按外護，左臂俟右肘翻時，手即翻腕，指端向上，掌往東推按，身向東南。如第108圖。

由第108圖，左腳向東北出一步，膝下彎；右腳同時伸直，成前弓後箭式。同時右拳由腰間向東直衝，左掌隨拳收回護於右臂之旁，指仍向上，身扭轉向東，眼平視。如第109圖。

【術解】此式第一動，注重鬆肩鬆腰和含胸拔背諸要點，為應敵變化之妙法。

第三十六式　術名　蹬腳

【用法】此式為練習腰腿之法。

【說明】由第109圖，左腳不動，右腳收回於左腳旁，腳尖點地，膝下彎身向左扭轉。同時右拳鬆開，兩臂由前往上過頂，復向左右下圜繞一週。如第110圖。

由第110圖，至身前兩手交叉時，復向上提於胸前。右腳即提起向東南蹬出，腳尖翹上，右腿同時伸直。兩臂隨同右腳向左右撐開，指端向前，掌心微向內，左臂微彎上舉，掌向外眼視右腳。如第111圖。

【術解】兩臂由前往上過頂，為應手也，復往左右下圜繞，同時提腿如蓄勢也，如劍拔弩張之勢，一發不可制也。此式使法即如大鵬展翅，又如鷹準抓雞，似兩翅一張乘機乃收蹬腳之功。此為武術之要竅，練功夫者三注意焉。

第三十七式　術名　左右披身伏虎

【用法】為左右閃轉避實之法。

【說明】由第111圖，右腳收回向西北落於左腳左後方，左腳隨即向西北再進一步，左腳彎右腳直成左弓式。同時左臂由左上方向右擺，俟兩手相合時，隨即雙臂由右上方往下向左繞轉，同時左胯下坐，腰幹向左擰轉，左弓式變成左反弓式，兩臂復向上提，左臂高舉於左上前方，臂成半月形，右臂提至胸前平舉，兩手同時握拳，軀幹隨即轉正身向東北，眼視東南。如第112、113圖。

由第113圖，右腳提起活步，即落於原地，膝由直而彎，左腳由彎而伸直，成右弓式。同時兩拳鬆開，兩臂由左上方往下繞轉向右，胯下坐，腰幹向左擰轉，兩臂隨即復向上提，右臂高舉於右上前方，臂成半月形，左臂提至胸前平舉，兩手同時握拳，軀幹隨即轉正身向東南，眼視東北。如第114、115兩圖。

【術解】此式為少林十八勢之金剛伏虎勢，強固腰腎為衛生之要素，亦為武術家左右閃轉避實之要法。

第三十八式　術名　回身蹬腳

【用法】為佯卻實攻法。

【說明】由第115圖，右腳收回，腳尖點地，兩膝微屈，同時兩臂上舉，左拳鬆開過頂，兩臂圓轉，復向左右下繞圜會於身前，身向東北眼視東。如第116圖。

由第116圖，右腿提起，即向東南直蹬，腳尖翹上，左腳直立。兩臂向左右撐開，指端向前掌心向內，左臂舉於左稍彎成弧形，眼視東，身仍向東北。如第117圖。

【術解】假如攻我上部，以雙臂護衛於前上，回身以避免之，此謂卻退也，又回身起腿以攻之，此又謂之實攻。前之退者謂之佯，非真退實誘敵耳。深願研習武術者注意虛實二字則術之用大矣。

第三十九式　術名　雙風貫耳

【用法】此式為防衛還擊法。

【說明】由第117圖，右腳收回，小腿垂直，大腿仍平舉於前。同時兩臂前圜上舉，隨即往下回環經右腿兩旁，掌心微向前，兩臂下垂，軀幹正向東南，眼平視。如第118圖。

由第118圖，右腳即向東南落地，膝仍彎，左腳伸直，前弓後箭。同時兩臂往後向上回環，由左右向前斜上方，兩手握拳於額前，兩臂成一大圜形，眼平視，身正向東南。如第119圖。

【術解】承上式回身蹬腳，假如為敵所算，腳即收回，以雙手防衛、摟開乘機進攻，以拳合擊於太陽穴或耳門。此所謂雙風貫耳也。

第四十式　術名　左蹬腳

【用法】此式與回身蹬腳同。

【說明】第119圖，兩拳鬆開，兩臂額前上分向左右繞圜一週於腹前，掌心向外。同時左腳向右腳收回，足尖點地成丁字形，右膝仍由腰鬆而直，虛靈頂勁，眼神東。如第120圖。

由第120圖，右膝徐伸，左腳上舉，即向東蹬出，足尖翹上。同時兩臂徐向左右撐開，左臂上舉於側方稍彎成弧形，掌心分向東西，眼仍平視東。如第121圖。

【術解】此式設敵由側面襲我脇部，我則以側面應之。以手纏其手以腳蹬其脇是也。按之生理鬆展腰胯助長消化，有俾衛生也。

第四十一式　術名　轉身蹬腳

【用法】此法與回身蹬腳同。

【說明】由第121圖，身體和腿與右腳掌由東磨轉向西，左腳同時落地膝稍彎，右足尖點地腿稍彎。同時兩臂隨身旋轉，由上往左右緩緩下繞半圜於腹前，腰宜鬆，頭宜頂，身宜正，眼正視西。如第122圖。

由第122圖，左腳踏實，右腳即上提向東蹬出。同時兩臂由身前向東撐開，以右手黏住敵之肘腕，眼隨身轉而平視東。如第123圖。

【術解】此式技術方面，為避實侵虛之法，而轉之機樞，左右腳掌之一旋，而全局一變洵為拳術之妙用也。

第四十二式　術名　進步搬攔捶

【用法】以搬攔為化敵之法。

【說明】由第123圖，右手收回，由東往下向西往上繞轉一週至左肩前；同時左手由上向東而下繞轉，同時右腿收回，腳向外撇踏實足尖向南，兩膝下沉，左膝抵於右腳之後，身體向右旋轉。同時左掌向東按掌，右掌變拳向懷中帶至腰間，兩腳交叉下坐。如第124圖。

由第124圖，左腿向東北出一步踏實膝彎，右腳伸直成前弓後箭步。

右拳由腰間衝出，左掌縮回護於右臂旁、胸要含，背要拔，眼視東。如第125圖。

【術解】此式與第十式同。惟第十式承手揮琵琶之後、此式承轉身蹬腳之後，承前既不同、而方式亦略變動。本太極拳所有同式者，須視承前啟後之拳式若何，則本式法式功用亦稍有變動耳。

第四十三式　術名　如封似閉

【用法】為封閉反攻之法。

【說明】由第125圖後胯向右後坐，身腰向內吞（即含胸拔背），右腿下彎，左腳伸直。兩手變掌，手心向上隨身往後縮回，左臂即承於右臂之下向前伸出，似化敵之意，腰胯下沉，眼平視東。如第126圖。

由第126圖，兩臂同時翻腕向左右撥開，兩臂即向後縮回，含胸拔背，掌心向前、手指微屈。如第127圖。

由第127圖，即向東平按，兩臂成半月之弧形。腰幹與腿向東吐出，左膝彎，右腳伸成前弓後箭步。如第128圖。

【術解】設敵化我之右拳，乘機纏我右臂，我即以左手承之，緣肘護臂，使敵鬆手而後已。而敵復換手進擊，我則抽身內斂，以雙手加封，使敵不得進。此為盡封閉之用也。

第四十四式 術名 十字手

【用法】為防上禦下之法。

【說明】由第128圖，身軀向右轉正，同時右腿下沉，似四平襠，右虛而左實。兩臂同時向左上方擺開轉正，兩掌心向前形似滿月，眼平視。如第129圖。

由第129圖，兩臂順軀幹轉動，由上分向左右緩緩下按至襠前，兩手心向內形如抱物。然兩腿順腰胯擺動，左虛右實，腿仍下沉，含胸拔背，鬆腰眼平視。如第130圖。

由第130圖，兩腿緩緩直立，兩腳依次向內收與兩肩同寬，兩腳直立成平行式。兩手交叉、掌心向內，兩臂同時隨身徐徐旋轉上升，由下而上、交叉圜抱於胸前，眼平視。如第131圖。

【術解】此式兩臂轉動，隨軀幹左右上下而動，然兩臂之由上而下，由下而上兩臂同時運動，所經之空間，為內外兩大圓徑，兩手之在上與在下，均成交點形，成滿月，如抱物狀，與太極圖若合符節。

吳子志清輯《太極拳》一書，造我寓齋屬一言弁首。余不習拳勇，閱之瞢如焉。憶余與志青交在癸丑甲寅間，余主申江民立中學教席，君則任體育。時年方少，而距躍技擊一時皆推為能手。別垂二十年，余髮白齒落，年逾艾頽，然如六旬翁。君來顧我，顏色與二十年前無異，髮不加白，顏如渥丹，距躍技擊逾進而逾上，洵乎得太極拳之益也。君謂余曰習此拳者，不尚力，不矜氣，竭自然之能可與造化同壽，然則君之技益合乎道矣。書成乞惠我一帙，朝夕揣練，雖老或且勉習之也。

乙亥午日　霜崖吳梅印

第六段　步位路線圖與姿勢連環圖如下：

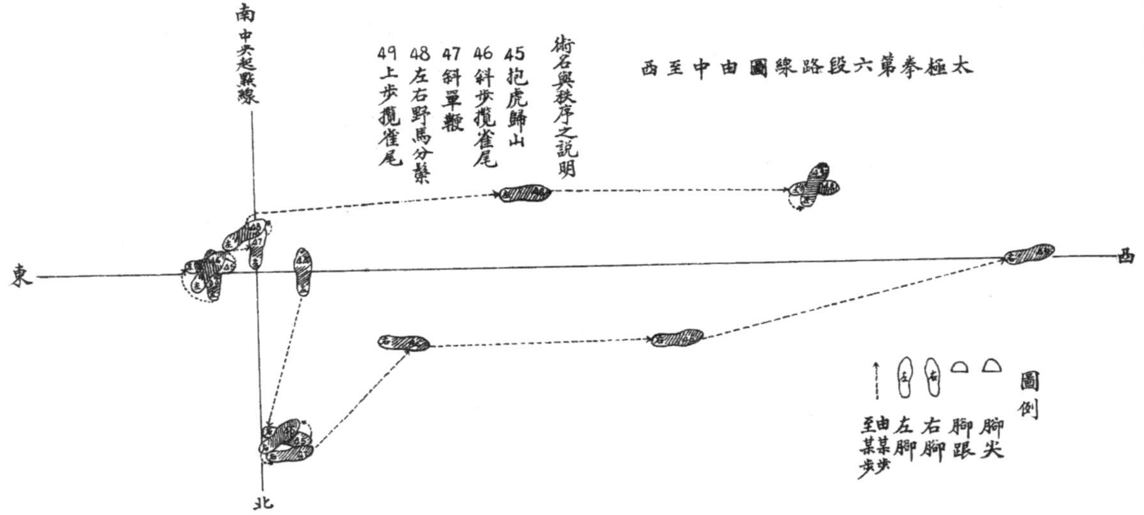

132

抱虎歸山之一

133

抱虎歸山之二

134

抱虎歸山之三

135

斜步攬雀尾之一

136

斜步攬雀尾之二

137

斜步攬雀尾之三

138

斜步攬雀尾之四

139

斜步攬雀尾之五

140

斜步攬雀尾之六

141

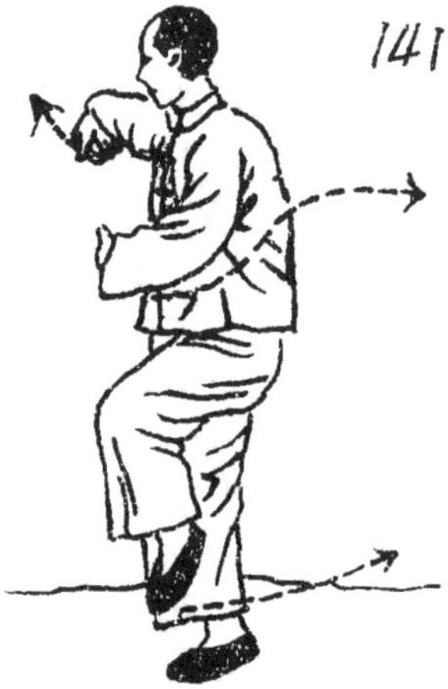

斜單鞭之一

142

斜單鞭之二

143

野馬分鬃之一

144

野馬分鬃之二

145

野馬分鬃之三

146

野馬分鬃之四

147

野馬分鬃之五

148

野馬分鬃之六

149

野馬分鬃之七

150

野馬分鬃之八

151

攬雀尾之一

152

攬雀尾之二

153

攬雀尾之三

154

攬雀尾之四

155

攬雀尾之五

156

攬雀尾之六

157

攬雀尾之七

說明

1. 此段姿勢動作說明，詳本書第165頁至173頁。

2. 此圖自抱虎歸山起至攬雀尾止，計圖26個，合計5式。

3. 自第132圖起至157圖止，均連以虛線，並畫矢頭，指明動作之趨向。

經驗談　極高明而道中庸

太極拳可謂登造峰極之運動，其動作柔軟，著著以中心推動，且不限人、時、地、物均可練習，在運動境界中，可謂近乎中庸之道。

楊家麟題　三十二年七月二十日

第六段　式數五

第四十五式　術名　抱虎歸山

【用法】為採挒起承之法。

【說明】由第131圖，兩手仍圜抱，軀幹向西北扭轉，兩腿下沉膝彎。同時兩掌翻腕，手心向下即握拳，眼正視東南。如第132圖。

由第132圖，右手向西北斜按下，軀幹復向東南轉動，左手隨即向東南斜上托。右腳隨右手向西北撤步，此時全身重量坐於左腿上，右腳虛而左腳直，眼視西北。如第133圖。

由第133圖，左手隨即回轉，由左耳邊向西北推按，掌心向前，指端向上。腰胯亦同時隨之轉動，左腳伸，右腳屈。右手下按於右腿外，手心向下眼視西北。如第134圖。

第四十六式　術名　斜步攬雀尾

【用法】為掤攦擠按及轉變之法。

【說明】由第134圖，兩腿不變，左臂翻腕，掌心朝上，右臂向下翻腕，即轉向上平舉，掌心朝下，兩手上下相對如捧物然，向懷中攦回。如第135圖。

由第135圖，攦至懷中時，腰胯隨即扭轉向東南，右臂平提手心向上，左臂向外掤，掌心向下，左臂即翻腕與右手心相對如捧物狀。同時左腳變彎，右腿伸直，眼視東南。如第136圖。

由第136圖，軀幹磨轉向西北，右手隨即上提掌心向內，往西北掤出，左臂略轉，兩掌心相對順勢擠按。兩腿同時由伸而彎，由彎而伸，一伸一屈，即是一虛一實。如第137圖。

由第137圖，兩腿姿勢，右腿由彎而伸，左腿由直而彎。兩手即向左右撥開指端向上，身軀朝向西北，兩臂彎曲平提於胸前。此式注意含胸拔背，鬆腰墜肘諸要旨。眼仍視西北。如第138圖。

由第138圖，軀幹和腰胯向西北吐出，兩手順勢向西南推按，兩臂形如半月，兩掌心微向前，指端仍向上，左腳由彎而伸，右腳由伸而彎，眼平視西南，注意沉肩，墜肘含胸。如第139圖。

由第139圖，兩手下垂，兩臂平舉，右臂向外圈，左臂向內圈，即向東平擺。同時身體亦隨之向東扭轉，左腳由直變彎，右腳由彎變直，眼視東南。如第149圖。

【術解】此動由抱虎歸山及斜步攬雀尾，計九動，本合為一式。我人為研究學術起見，實有分之必要，所有的理由，詳首章己節及太極詮真補充小動作內，恕不多贅。

第四十七式　術名　斜單鞭

【用法】此式為勾摟推按之法。

【說明】由第140圖，右臂由左外方向內，平攌一圜，即向右平摟於西北，右掌變勾子手，左手下垂，由下左方繞圜一週，掌即向上抄至右腰間，手心向上。同時腰胯向西北扭轉，右腳踏實由伸而直立，左腳放鬆由伸而懸垂，眼平視西北。如第141圖。

由第141圖，右腿挺直，同時左腿即向南進一步踏實。同時左手由右腰間經右肩前，指端向上翻腕即向南徐徐伸出按掌，右勾手仍平舉於右。同時軀幹腰胯向西扭轉，眼隨勢平視正南，步位虛實互換，成右弓式。如第142圖。

【術解】此式惟方向不同，而功用則與第三式同，故從略。

第四十八式　術名　野馬分鬃

【用法】此式為乘機逼敵，施以肘靠之法。

【說明】由第142圖，軀幹腰胯徐徐向左扭轉，同時右臂下垂勾手變掌，隨身轉至左腰間；同時左手翻腕平屈於右肩前，掌心向下，左右兩手心上下相對。左腳踏實，右腳成虛，足尖點地，右肩必須轉至正西，眼注視西。如第143圖。

由第143圖，右腳向西北出一步，軀幹隨身扭轉。同時右掌由左下往西北欄開敵手於右肩成弧形，掌心向內；同時左手由上經身前往下沉，按掌於左胯旁，眼視右掌之轉動，注視西北。以上二動為野馬分鬃，右式之一，須注意鬆肩墜肘，含胸拔背諸要旨。如第144圖。

由第144圖，軀幹腰胯向右扭轉，同時左腳踵提起。左臂隨身轉至右腰胯間，掌心向上，同時左掌翻腕平屈於右肩前，手心向下，與左掌心相對，惟左肩轉至正西，眼仍注視西。右腳坐實膝彎，左腳虛而直。如第145圖。

由第145圖，左臂由右下往西南上欄開敵手於右肩成弧形，掌心向內；同時右手由上經身前往下沉，按掌於右腿旁。同時軀幹向西南扭轉，急上左腳向西南出一步，兩腳虛實互換，成左弓右箭式，眼正視西。此第三第四兩動，為野馬分鬃左式之一。如第146圖。

由第146圖，動式與第143圖說明同。如第147圖。

由第147圖，動式與第144圖說明同。如第145圖。

由第148圖，動式與第145圖說明同。如第149圖。

由第149圖，動式與第146圖說明同。如第150圖。

【術解】此式野馬分鬃，分左右各二式，共四動，為反覆重疊之演習，是何故歟？因為拳之組織，有密切之關係。又問之曰：拳之組織有何關係，請道其詳以釋我疑乎？曰一，則拳術分左右，俾學斯術者得以左右逢源，為補編救弊之術也。二，則為生理上平均發達之意，庶免畸輕畸重之弊。三，則拳之組織，原則是一要含進退攻守之法；二，要含四正四隅之方位；三，要含起與止，須要始終如一。四，則前後左右中距離之遠近，須要均勻，所以此拳不壓求全，反覆重疊之演習，使成一套完整之拳術，庶合乎太極之意也。

第四十九式　術名　攬雀尾

【用法】為掤攌擠按之法。

【說明】由第150圖，兩腳原位不變，軀幹向左扭轉。同時左臂翻腕，掌心向下，橫於胸前；右臂隨身轉動翻腕掌心向上，即向左抄於左胯間。如第151圖。

由第151圖，同時右腳向西進一步踏實膝彎，全身坐於右腳上，左腳伸直，同時軀幹腰胯順左腳之姿勢，向右扭轉。右手由左胯旁翻腕，右臂向右掤起於右，左手同時翻腕手心向右，兩手心右左相對，眼平視西。如第152圖。

由第152圖，往懷中搌即向左圓轉，同時右腳放鬆伸直，左腳彎曲。同時腰胯向左扭轉，兩臂隨身轉動，同時上抬右臂，手舉於胸前成弧形，掌心向內；左臂翻腕，左肘懸於胸前，手心相對如捧物然，肘尖下沉，軀幹轉向正東，眼注視東。如第153圖。

由第153圖，腰胯扭轉向右，同時左腳伸直，右腳變曲。兩臂同時順身勢向西掤擠出，兩手如捧物狀，右臂橫舉於肩前，成半月形，左臂彎轉於胸前，眼正視西南。如第154圖。

由第154圖腰胯往後吞，含胸拔背，同時右腳伸直，左腳彎曲，全身坐實於左腿上。兩手同時向左右撥開，即隨身向後吞，兩臂翻腕手心向正西南，兩手指分向左右斜向上成半月形，須沉肩墜肘，眼平視西南。如第155圖。

由第155圖，身向西南吐出，兩手同時隨身向西南推按，如按物然，手指向前，兩臂平行與肩等，沉肩墜肘，彎成半月形。兩腳亦隨腰胯向前吐，右腳由伸而彎，左腳由彎而伸，成右弓式，眼平視西南。如第156圖。

由第156式，兩手腕下彎，同時腰胯向左扭轉，兩臂順勢向左平擺，兩手似伸非伸，似曲非曲，形成各個弧形，臂與肩平。同時左腳由直而彎，右腳由彎而直，成左弓式，眼注視東。如第157圖。

【術解】此式與第二式雖同，而銜接處略異，餘均同。

參考資料　王宗岳先生著　二續　太極拳譜

歌訣四

忽隱忽現進則長，一羽不加至道藏，手慢手快皆非似，四兩撥千運化良。

「不偏不倚，忽隱忽現，左實則右虛，右重則左輕」，「仰之彌高，俯之彌深，進之則愈長，退之則愈促」，「一羽不能加，蠅蟲不能落，人不能知我，我獨知人，雄豪所向無敵，蓋皆由階而及也」。

第七段　步位路線圖與姿勢連環圖如下：

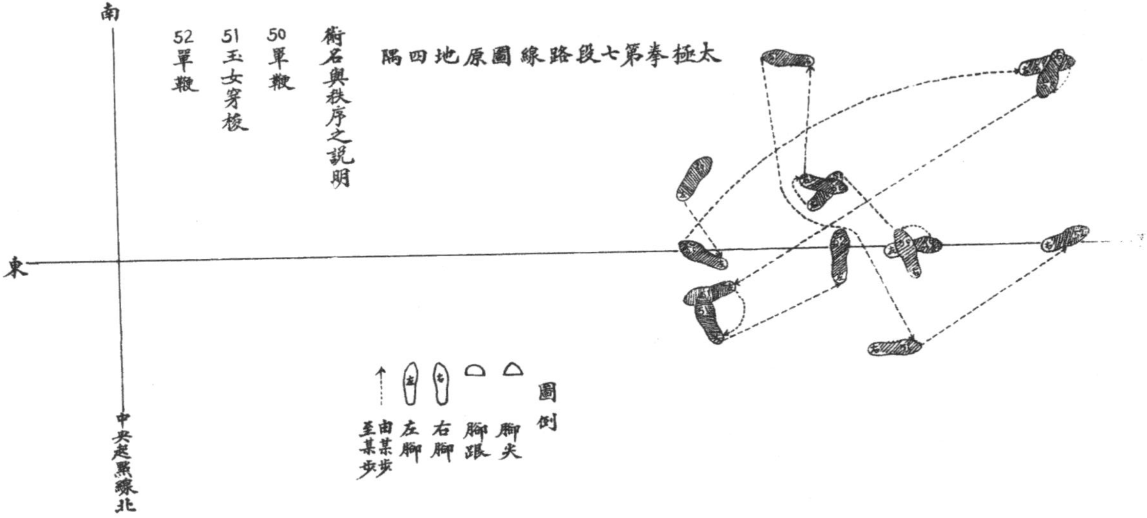

158

單鞭之一

159

單鞭之二

160

玉女穿梭之一

161

玉女穿梭之二

162

玉女穿梭之三

163

玉女穿梭之四

164

玉女穿梭之五

165

玉女穿梭之六

166

玉女穿梭之七

167

玉女穿梭之八

168

玉女穿梭之九

169

攬雀尾之一

170

攬雀尾之二

171

攬雀尾之三

172

攬雀尾之四

173

攬雀尾之五

174

攬雀尾之六

175

攬雀尾之七

176

攬雀尾之八

說明

1.此段姿勢動作說明，詳本書第182頁至188頁。

2.此圖自抱虎歸山起至攬雀尾止，姿勢圖19個，合計3式。

3.自第158圖起至176圖止，均連以虛線，並畫矢頭，指明動作之趨向。

慕道之言

太極正宗　轉弱為強

身體為萬事之。余思學太極拳甚久，苦無機會，適得識志青先生，深引為幸。因志青先生，精研斯道，垂數十年，且誨人不倦。惜余離昆在即，不克如願，深以為憾，謹記數語，以示欽佩，並冀以後有從學之機也。

王信忠　敬題　三十二年七月三十日

第七段　式數三

第五十式　術名　單鞭

【用法】為勾摟按掌之法。

【說明】由第157圖，腰胯復由左向右扭轉，右手由外方向右平摟一週，即向右平舉，掌變勾手下垂，左手由下方繞圜一週，掌即向上抄至右腰間。右腳由伸變立，左腳由彎變懸，成懸垂式，眼注視西。如第158圖。

由第158圖，右臂仍平舉於右，同時左掌由右腰間經右肩前，手指向上翻腕，即向東緩緩伸出按掌。同時左腳向東進一步，成左弓式。如第159圖。

【術解】此式與第三式同從圖。

第五十一式　術名　玉女穿梭

【用法】為四隅應敵乘虛襲擊法。

【說明】由第159圖，軀幹腰胯向左扭轉，同時右勾手變掌，臂即下垂，隨軀幹轉向左於左腰旁，手心向上；同時左臂翻腕，手心向下，同時與兩手心上下相對，左臂平屈與肩平。右腳仍彎，右腳放鬆，眼注視東南。如第160圖。

由第160圖，腰胯即向右扭轉，右膝彎，左腳伸。同時右臂由下經前向右方掤起於額前，掌心向西南；左臂隨軀幹轉動，掌即向西南穿出，如穿梭然。如第161圖。

由第161圖，右腳尖向右旋轉，左腳由東即向右腳右方西南隅進一步踏實，軀幹由腰胯隨同轉動。同時右臂由額前往後繞過右耳前，復即向西南穿出推按，指尖向上，手臂與右肩成一線弧形；同時左臂由前繞向額前掤起，掌心向外。兩腳成左弓右箭式拗步，眼注視西。如第162圖。

由第162圖，兩腳步位不動，惟虛實互換，兩腳尖為轉動中心，同時右腳向東南隅移動。兩手翻腕，手心上下相照，如捧物然，同時軀幹腰胯向右旋轉，右臂由前下垂，經身前繞至東南隅往上掤起，掌心向外；左臂下繞半圜，經左耳前向東穿掌，指端向上，與左肩成一線弧形。兩腳成右拗步，眼注視東南。如第163、164兩圖。

由第164圖，右腳用足尖旋轉，同時腰胯軀幹隨腳向左磨轉。同時右掌翻腕掌心向下，左臂下垂翻腕掌心向上，臂屈於身前，兩手心上下相對。如第165圖。

由第165圖，左腳向東北隅進一步踏實，左臂由下繞上往東北隅上掤，掌心向外於額前，右掌由上繞至右耳旁翻腕，即向東北隅穿出按掌，指端向上，臂成弧形。兩腳成左拗步，即左實右虛，眼注視東北。

如第166圖。

由第166圖，軀幹腰胯向右磨轉，同時右腳即向西北隅移動坐實，左腳放鬆，成右拗步，即右彎左伸。同時兩手翻腕，手心上下相對，右臂隨身旋動，由下經身前繞向上掤於額前，掌心向外；同時左掌下繞至左耳旁，即向西北隅穿出按掌，指端向上，與左臂成一線弧形，眼注視西北。如第167、168兩圖。

【術解】此式為太極拳神妙莫測之動作，忽隱忽現，左之右之，使人捉摸不定，故曰玉女穿梭，喻其勢之巧捷也。按此式只有四隅，在理分為四動足矣，何以分為五動圖為之九？其故安在第一動式，為承上式單鞭之一轉，若不分立，誠恐初學者不明轉彎之方，添此一動，則易於了然轉變之由矣。

第五十二式　術名　攬雀尾

【用法】為掤握擠按四法之復習。

【說明】由第168圖，兩臂手腕翻轉，兩掌心右上左下相對，向懷中握，同時腰胯向左磨轉，右腳放鬆，左腳向西蓋過右足前出半步。如第169圖。

由第169圖，同時右腳復向西進一步，右膝即下彎，左腳伸直成右弓左箭步。同時兩臂上抬，手臂翻轉，掌心前後相對，兩臂平屈於胸前，即向西掤擠，兩手如捧物狀，右臂橫屈於右臂前，左臂彎懸於胸，眼注視西南。如第170圖。

由第170圖，右肩翻腕，手心向下，同時左臂翻腕，手心向上，如接球狀，往懷中圓轉。如第171圖。

由第171圖，同時右腳伸直，左腳彎曲。腰胯同時向左扭轉，兩臂隨身軀轉動，同時上抬，右肩平舉於胸前成弧形，掌心內向；左臂翻腕，左手心與右手心相對，肘尖下墜，軀幹轉回正東。如第172圖。

由第172圖，腰胯扭轉向右，同時左腳伸直，右腳彎曲。兩臂同時順身勢向西掤擠，兩手仍如捧物狀，右手橫舉於右肩前，成半月形，左臂彎於胸前，眼視西南。如第173圖。

由第173圖，腰胯往後吞，含胸拔背，同時右腳伸直，左腳彎曲，全身坐實於左腿上。兩手同時向左右撥開，即隨身往後吞，兩手翻腕，兩手心正向西南，手指分向左右斜向上，成月彎形，沉肩墜肘，眼視西南。如第174圖。

由第174圖，身向西南吐出，兩手同時隨身向西南推按，如推物然，手指向前，兩臂平舉與肩等，沉肩墜肘，變成月彎形。兩腳亦隨腰胯向前吐，右腳由伸而彎，左腳由彎而伸，成左弓式，眼注視西南。如第175

圖。

由第175圖，兩手腕下彎，同時腰胯向左扭轉，兩臂順勢向左平擺，兩手似伸非伸，似曲非曲，成各個弧形，臂與肩平。同時左腳由直而彎，右腳由彎而直，成左弓式，眼視東。如第176圖。

【術解】此式與第二式雖同，而銜接處略殊餘均同。

第八段　步位路線圖與姿勢連環圖如下：

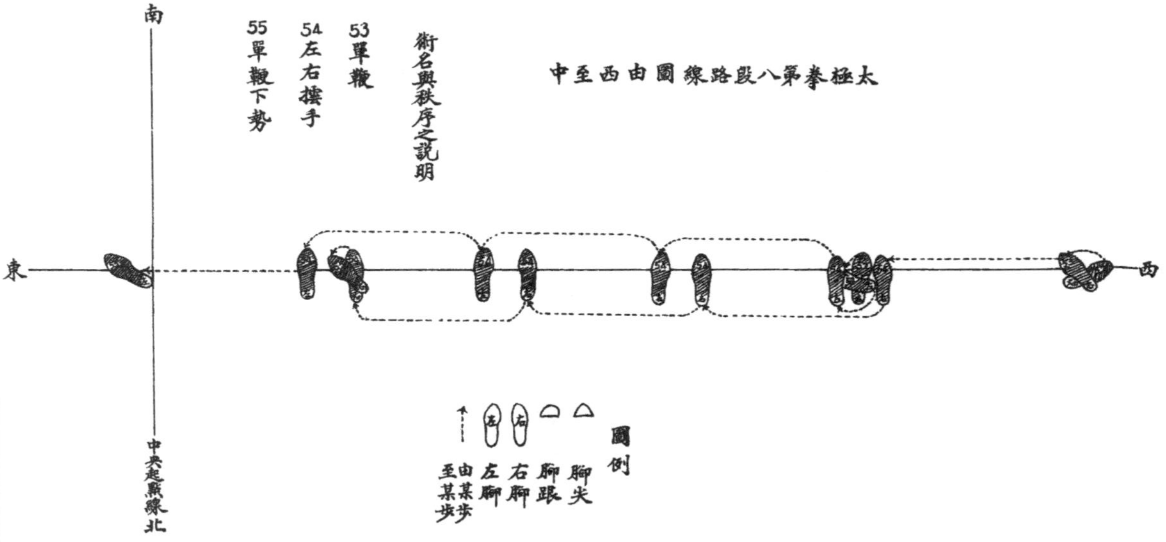

177

單鞭之一

178

單鞭之二

179

左右雲手之一

180

左右雲手之二

181

左右雲手之三

182

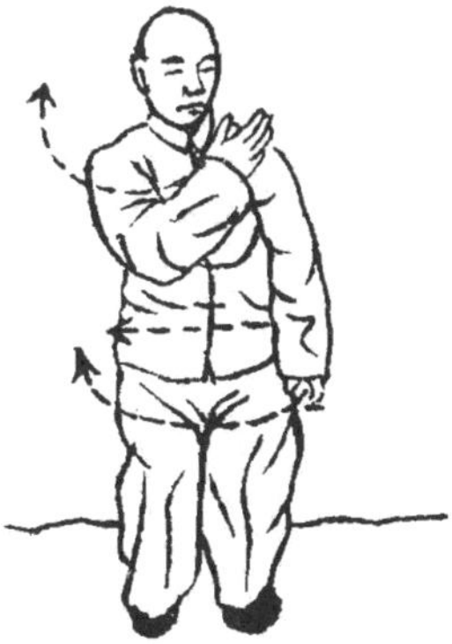

左右雲手之四

183

左右雲手之五

184

左右雲手之六

185

左右雲手之七

186

左右雲手之八

187

左右雲手之九

188

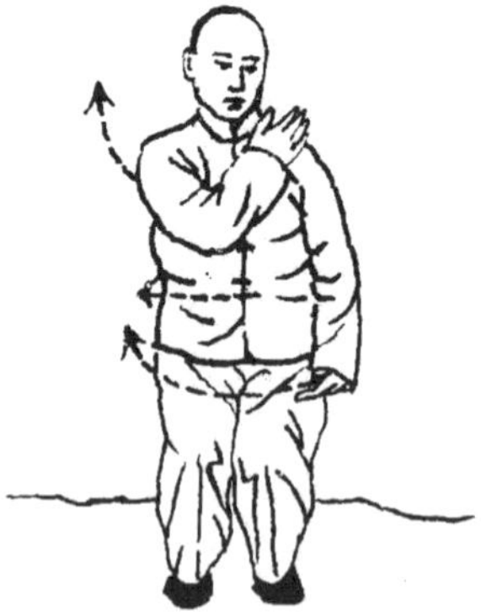

左右雲手之十

189

左右雲手之十一

190

單鞭下勢之一

191

單鞭下勢之二

說明

1. 此段姿勢圖動作說明，詳本書第195頁至199頁。

2. 此圖自單鞭起至單鞭下勢止，計姿勢圖15個，合為三式。

3. 自第177圖起至191圖止，均連以虛線，並畫矢頭，指明動作之趨向。

題字

自彊不息

尚武樓叢書之一

陳其采題

第八段　式數三

第五十三式　術名　單鞭

【用法】為勾摟按掌之法。

【說明】由第176圖，腰胯由左向右扭轉，右臂由左外方向右平摟一週，即向右平舉掌彎勾子手下垂，由左下方繞圜一週，掌即向上抄至右腰間。右腳由伸變立，左腳由彎變懸垂式，眼注視西。如第177圖。

由第177圖，右臂仍平舉於右，同時左掌由腰間經右肩前手指向上，翻腕即向東緩緩伸出按掌。同時左腳向東進一步，成左弓右箭步，腰胯隨向勢向左扭轉，眼注視左掌。如第178圖。

【術解】此式與第三式同從略。

第五十四式　術名　左右雲手

【用法】為化敵護身採挒法。

【說明】由第178圖，右勾手鬆開變掌往下垂，隨腰往左圓轉一週，轉至右肩前手心轉向內。同時右腳隨右臂向東移半步足尖點地，與左腳相近平行。左手同時鬆開，翻腕手心向下，隨腰往下向右圓轉至右膝前，掌心朝上與右掌心相對，眼平視。如第179圖。

由第179圖，軀幹即向右扭轉，兩臂隨軀幹旋轉手心仍向內。兩腳尖同時向右磨轉，兩膝微彎，眼平視西。如第180圖。

由第180圖，左腳向東橫一步，身軀即扭轉坐於左腳上。同時左手由右下方經右側繞轉至左肩前手心向內，右手繞轉一週，雲至腹前。兩膝稍彎，眼平視。如第181圖。

由第181圖，軀幹向左扭轉，同時右手由肩前隨身旋轉，向上繞轉雲至左肩前，掌心向內，左手由上繞轉至左腹前。同時右腳向左腳靠近，腳尖點地，兩膝稍彎，眼平視。如第182圖。

由第182圖，動作與第180圖說明同，從略如第183圖。

由第183圖，動作與第181圖說明同，從略如第184圖。

由第184圖，動作與第182圖說明同，從略如第185圖。

由第185圖，動作與第183圖說明同，從略如第186圖。

由第186圖，動作與第184圖說明同，從略如第187圖。

由第187圖，動作與第185圖說明同，從略如第188圖。

由第188圖，動作與第186圖說明同，從略如第189圖。

按此式雲手共計四次，即左腳向左橫行四步演成十一動。依據步位而來，俾研究斯學者，照圖依虛線練習，不致有脫漏之處，故不壓繁複耳。

【術解】此式與第二十七式同，惟不同者二十七式，動式只有三次計分八動，此式動式計有四次計，分十一動，其理由已在第二十七式術解中敘明矣。按雲手一式為練太極拳最不易練之動作，其動則以腰胯為軸，以兩臂兩肘兩手兩腿兩膝兩腳為輪，又處處似伸非伸，似屈非屈。在此討虛實，非有深刻功夫者不能及。此式或者不是失之太滑，則是失之太滯，或突臀或傾身或身動而腳不動，或手動而腿不轉，或四肢動而軀幹不靈，或軀幹轉而四肢不協和。要得此中三昧，須正身凝神斂氣以求之。

第五十五式　術名　單鞭下勢

【用法】為鬆腰展胯之法。

【說明】由第189圖，右小臂翻腕下弔，由上往下圓轉一週向右平舉成弔手；同時左手由腰間圓轉至肩前，掌心翻轉向左，指尖向上，即向東緩緩伸出按摩。同時左腿提起，隨左手向東出一步膝彎，右膝伸成左弓式，右膝隨身勢扭轉向左，眼注視東。如第190圖。

由第190圖，腰胯往右坐，左腳伸直。同時左臂順身勢往下撲，與左腿成平行線，左掌位於左腳背上，右手仍勾手，眼注視東。如第191圖。

【術解】按此式單鞭下勢，為鍛鍊腰胯間大肌肉，使其伸縮自如，在技術上則便於應付環境，在生理衛生上則胯骨展開，腰肌則受大量伸縮之運動，為鍛鍊腰胯間之筋骨，唯一善法。又此姿勢最易犯之現象，要注意之臀部，不宜突起，上身不宜前傾，頸項不宜僵直，左右兩臂須成東西一直線，不宜抗肩，軀幹宜直，腰宜鬆，頭宜正，行動靈活，不滯不滑圓轉自如，綿綿不斷為原則，便得其中竅要矣。

王宗岳先生著　三續　太極拳譜

歌訣五

掤攦擠按四方正，採挒肘靠斜角成，乾坤震兌乃八卦，進退顧盼

定五行，「長拳者如長江大河，滔滔不絕也。」

歌訣六

十三勢莫輕視，命意源頭在腰隙，雙轉虛實須留意，氣過身軀不少滯，靜中觸動動猶靜，因敵變化示神奇，勢勢揆心須用意，得來不覺費工夫，刻刻留心在腰間，腹內鬆淨氣騰然，尾閭中正氣貫頂，滿身輕利頂頭懸，仔細留心向推求，伸屈開合聽自由，入門引路須口授，工夫無息法自休，若言體用何為準，意氣君來骨肉臣，想推用意終何在，益壽延年不老春，歌兮歌百冊字，字字真切意無遺，若不在此中推求去，枉費工夫貽歎息。「氣貼背後，斂入脊髓，靜動全身，意在蓄神，不在聚氣，在氣則滯」，「內三合與外三合」。

（未完）

第九段　步位路線圖與姿勢連環圖如下：

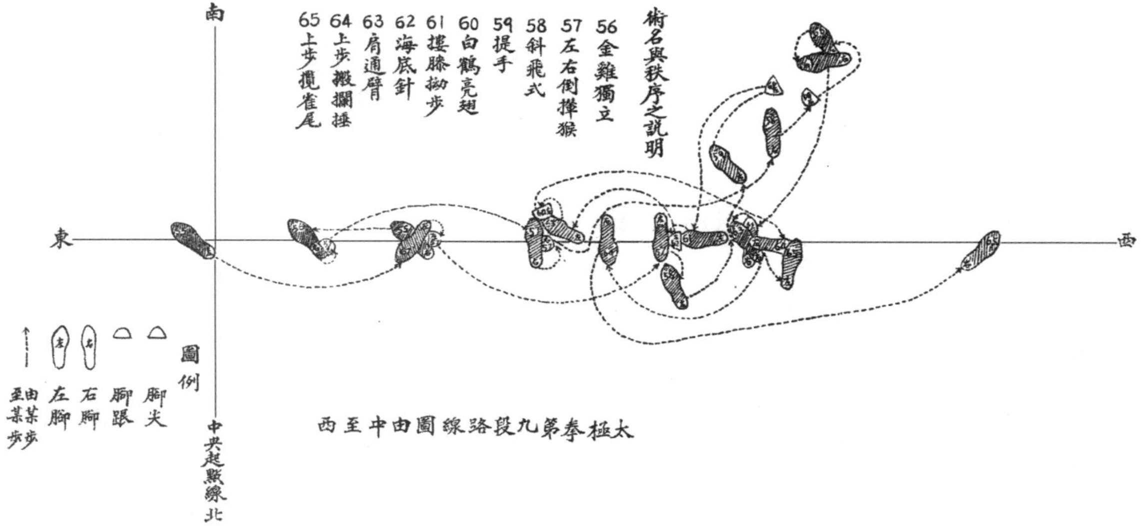

192

金雞獨立之一

193

金雞獨立之二

194

左右倒攆猴之一

195

左右倒攆猴之二

196

左右倒攆猴之三

197

左右倒攆猴之四

198

左右倒攆猴之五

199

左右倒攆猴之六

200

斜飛式之一

201

斜飛式之二

202

提　手

203

白鶴亮翅之一

204

白鶴亮翅之二

205
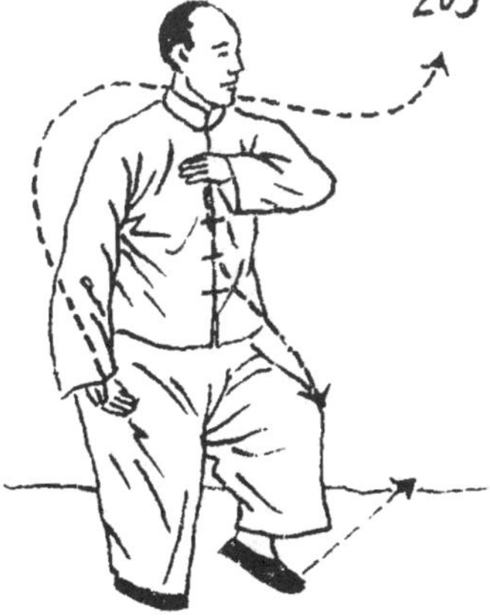
摟膝拗步之一

206

摟膝拗步之二

207

海底針之一

208

海底針之二

209

肩通背之一

210

肩通背之二

211

上步搬攔捶之一

212

上步搬攔捶之二

213

進步攬雀尾之一

214

進步攬雀尾之二

215

進步攬雀尾之三

216

進步攬雀尾之四

217

進步攬雀尾之五

218

進步攬雀尾之六

說明

1.此段姿勢圖動作說明，詳本書第209頁至219頁。

2.此圖自金雞獨立起至進步攬雀止，計姿勢圖27個，合為10式。

3.自第192圖起至218圖止，均連以虛線，並畫矢頭，指明動作之趨向。

第九段　式數十

第五十六式　術名　金雞獨立

【用法】為乘勢克敵之法。

【說明】由第191圖，腰胯往左起勢，左腳直而彎，仍復直，同時右腿隨身往前提起，用足尖踢敵人腹部，小腿垂直。右勾手變掌，同時隨之上抄屈肘於身前，指尖向上，右肘與膝上下相對；左臂隨身攏起，由前往後繞一圜復下按於左胯 外旁手心向下，身體直立，眼注視東。如第192圖。

由第192圖，右腳由前向後往西退半步穩立，左腿即提起用足尖踢敵人腹部，小腿垂直。同時左手由下向前上抄，屈肘與左膝上下相對；右臂由上往前向下按掌於右腿外旁，手心向下，身體直立，眼注視東。如

193圖。

【術解】此式腿與手之起落，樞紐實在腰胯一屈一伸之功，惟腿之能穩與否，全視能確定中心為準則。凡練太極拳者，能定中心，則發無不中，中無不克，雖敵人攻我亦不為人算，可謂泰山崩於後，猛虎跑於前，我自有中心在，不為敵所亂。

第五十七式　術名　左右倒攆猴

【用法】為退步卻敵法。

【說明】由第193圖，右掌翻腕手心向上，往後繞半圓與肩平舉；同時左臂翻腕向前平放，手心向上，與右臂成直線。左腳同時往後退半步踏實，右腳同時即伸直，腰胯下沉，軀幹稍向右轉，眼注視東。如第194圖。

由第194圖，右手由西往上，經耳前向東按；左臂翻腕同時由前往後引至左腰間，手心向東。同時腰胯下沉，軀幹稍向左轉，左膝稍彎，右腳尖微翹，足尖著地，兩大腿並行，眼注視東。如第195圖。

由第195圖，右手按掌仍不動，左手同時由腰間向後圓轉平舉於西，與右肩東西成直線，掌心向上，體稍向左轉。同時兩腳尖稍向左磨轉，眼注視東。如第196圖。

由第196圖，左手左後轉至左耳邊，即向東按掌；右手翻腕下垂至右腰間，掌心向東。同時右腳後退半步膝彎，左腳伸直，全身坐於右腳上，左腳尖向東翹起，眼注視東。如第197圖。

由第197圖，左手翻腕平放，掌心向上；右手往後圓轉平舉於西，掌心向上，與左臂東西成直線。軀幹順勢向右扭轉，兩腳亦磨轉向右，眼注視西。如第198圖。

由第198圖，右手由西即轉至右耳邊，向東按掌。同時左腳向後退半步膝彎，右腳伸直，全身坐於左腳上。左手翻腕下垂，引回至腰間，掌心向東。右腳轉向東，眼注視東。如第199圖。

【術解】兩腳前虛後實，兩臂一往一來，形似車輪，出左手退右步，左右互換一虛一實，此式前後兩見，法式略同，惟銜接處略異。

第五十八式　術名　斜飛式

【用法】為轉變進擊之法。

【說明】由第199圖，全身向左扭轉，同時左手由左腰間往西向上圓轉至右臂前，右手隨腰轉至身前，兩掌心上下相對，如抱球狀，左手心向下，右手心朝上。兩腳亦隨胯轉動，變左實而右虛，眼注視東。如第200圖。

由第200圖，右手旋轉隨右腳向西南上托，右臂斜向上，左手向北下按，掌心斜向下。同時右腳向西南出一步膝彎，左腳伸直，眼注視西南。如第201圖。

【術解】此式設敵人由右側上方進擊，我即轉身乘其勢之未至，兩臂即用開勁將臂上托或斜擊其身，復填之以右腳，使敵失去重心。此為反守為攻之法也。

第五十九式　術名　提手

【用法】為擠按之法。

【說明】由第201圖，左腳收回，向右腳跟靠近，同時右腳向西南出地步，左腳彎坐實，右腳伸，腳跟點地。右手向內，手臂成弧形，指與肩齊，左手由後向前，與右臂相合於右肘內，兩手指均向上，眼注視西南，全身坐於左腳上。如第202圖。

【術解】此式與第十八式同。

第六十式 術名 白鶴亮翅

【用法】為掤按提掛之法。

【說明】由第202圖，右腳略進半步，磨轉足尖，向東南由虛變實，左腳隨腳轉動由實變虛，兩膝稍彎。同時右臂下掛，手心向上，左手轉上，橫於胸前，掌心向下。如第203圖。

由第203圖，腰胯左轉下坐於右腿上，左腳微彎，腳跟上提，足尖點地。同時右臂由後繞圜半週，上提臂橫於額前成半圓狀，掌心向前；左臂同時下按，掌心向下位於左膝前亦成弧形，上體順胯扭轉，眼平視東。如第204圖。

【術解】此式與第五式及第一九式同從略。

第六十一式 術名 摟膝拗步

【用法】為伸縮兩臂活動腰胯之法。

【說明】由第204圖，軀幹向右擰轉，左腳隨之轉動。兩臂亦因之磨轉，左掌翻腕向上，與右掌相合，兩手如抱圓球，由左往右旋轉，兩臂互換，左臂橫於胸前，而掌近於右膀，右臂下垂，掌心向上，眼亦隨臂之旋轉。如第205圖。

由第205圖，兩手臂加抱球旋轉，復由右往左旋轉一週，同時左腳向東出一步彎膝，右腳即伸直。同時右手由右耳邊前平按，指端向上，臂成弧形，左手同時下按過膝於左腿旁，身轉向東北，眼平視東。如第206圖。

【術解】此式與第六式及第十二式同從略。

第六十二式　術名　海底針

【用法】為伸縮腰脊以臂化敵法。

【說明】由第206圖，右腳向東滑進半步，左腳即收回半步，腳尖點地。同時兩臂隨腰脊收回於懷中。如第207圖。

由第207圖，復向前斜下指，左手指尖斜向前面，掌心向左，左掌護於右臂，掌心向下，眼平視前。如第208圖。

【術解】此式與第二十式同從略。

第六十三式　術名　肩通臂

【用法】為練肩背之勁通於臂指之法。

【說明】由第208圖，兩腳原位不動，兩手收回於懷中，同時上體稍向右扭轉，腰背隨兩臂作勢待發。如第209圖。

由第209圖，右腳不動，左腳向東南出一步彎膝，右腳同時伸直。兩臂隨腰腿向東南推出，右掌位於額前，左掌乘勢向上角推按，左右兩掌心向前，均向東南，眼視左掌。如第210圖。

【術解】此式與第二十一式同從略。

第六十四式　術名　上步搬攔捶

【用法】為進步化敵擊敵法。

【說明】由第210圖，軀幹向右扭轉，同時右腿提起腳尖，向西北外撇落地踏實。同時右臂以肘為軸翻臂，掌變拳，隨向向右搬攔，腰胯旋轉一週，右拳位於右腰間，左手同時回下經左耳前向西推按。同時左腳尖向西北磨轉，兩膝同時下彎，腰胯下沉，眼注視西，身向北。如第211圖。

由第211圖，左腳向西出一步踏實，右腳伸直，成左弓式。同時右拳由腰間向西平衡，左掌稍後引，指端向上掌護於右臂間，此時成為左拗步，眼注視西。如第212圖。

【術解】此式與第十式略同與第二十四式略異，而功用則同，惟此一式亦復練習耳。因銜接處各異，則其中轉變動作亦殊，若一概稱曰同樣，則不免乖誤實甚，是以鄙意，不厭痲煩，一再詳述，俾研究斯學者，所有準則也。

第六十五式　術名　攬雀尾

【用法】為轉變銜接之法。

【說明】由第212圖，右腳向西進一步踏實，膝彎全身坐於右腿上，左腳即伸直。同時右拳鬆開變掌，翻腕手心向上；左手翻腕，手心向下，同時兩臂復翻腕，右掌向下，左掌向上，如接球狀，往懷中擱。同時右腳伸直，左腳彎曲，眼注視西。如第213圖。

由第213圖，腰胯向左扭轉，同時兩臂隨身軀轉動復上抬，右臂平舉於胸前成弧形，掌心向內；左臂翻腕，左右手心相對，肘尖下墜，軀幹轉向正東。如第214圖。

由第214圖，腰胯扭轉向右，同時左腳伸直，右腳彎曲。兩臂順身勢向西掤擠，兩手如捧物狀，右臂横舉於右肩前，成半月形，左臂彎懸於胸前，眼注視西南。如第215圖。

由第215圖，腰胯往後吞，含胸拔背，同時右腳伸直，左腳彎曲，全身坐實於左腿上。兩手向左右撥，即隨身往後吞，兩手翻腕，正向西南，手指分向左右，斜向上成月彎形，須沉肩墜肘，眼平視西。如第216圖。

由第216圖，身向西南吐出，兩手同時隨身向西南推按，如按物然，手指仰向前，兩臂平行，與肩等，沉肩墜肘，彎成半月形。兩腳亦隨腰胯向前吐，右腳由伸而彎，成右弓式，眼注視西南。如第217圖。

由第217圖，兩手下彎，同時腰胯向左扭轉，兩臂順勢向左平伸，兩手似伸非伸，似曲非曲，形成各個弧形，臂與肩平。同時左腳由直而彎，右腳由彎而直，成左弓式，眼注視東。如第218圖。

【術解】此式與第二十五式同從略。

參考資料　王宗岳先生著　四續　太極拳譜

二十字訣

按閃擔搓歉，黏隨拘拏扳，軟掤摟摧掩，撮墜續擠攤。「骨節自對開勁攀稍為陽，合披坑窯相照，分陰陽之意，開合引進落空，分寬老嫩，入筍不入筍，有擎靈之意。」「斤對斤，兩對兩，不丟不頂，五指緊聚，六節表正，七節要合，八節要扣，九節要長，十節要活，十一節要靜，十二節抓地。」「三尖相照，上照鼻尖，中照手尖，下照足尖，能顧元氣，不跑不滯，妙令其熟，牢牢心記。」「能以手望槍，不動如山，動如雷霆，數十年功夫，皆言無敵，果然信乎，高打高顧，低打低應，進打進乘，退打退跟，緊緊相隨，升降未定，沾黏不脫，拳打立根。」

（未完）

第十段　步位路線圖與姿勢連環圖如下：

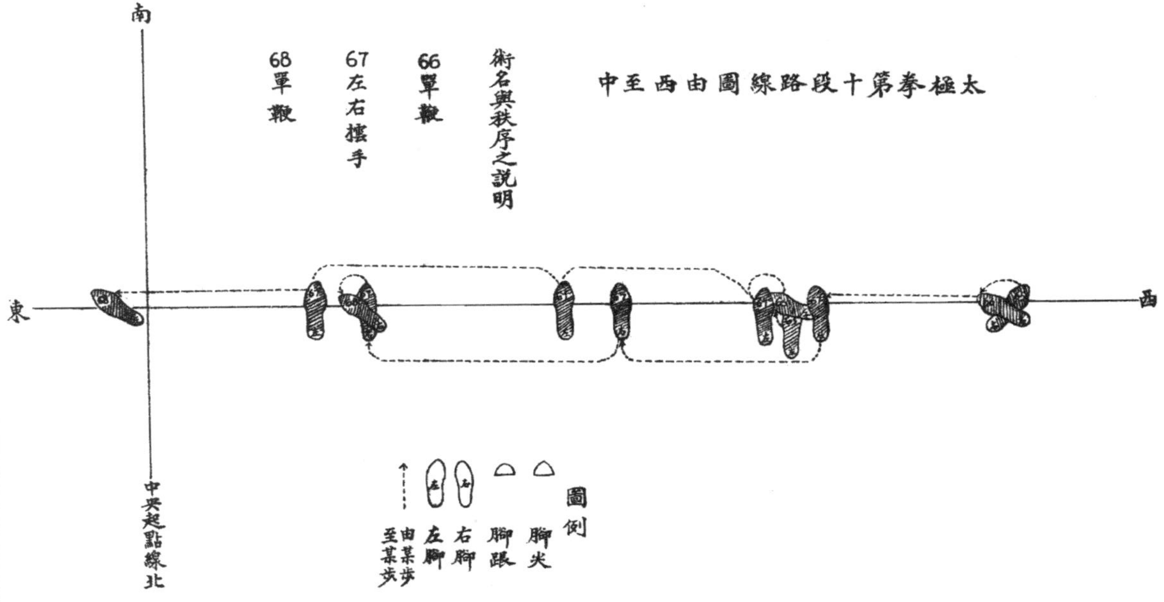

219

單鞭之一

220

單鞭之二

221

左右雲手之一

222

左右雲手之二

223

左右雲手之三

224

左右雲手之四

225

左右雲手之五

226

左右雲手之六

227

左右雲手之七

228

單鞭之一

229

單鞭之二

說明

1.此段姿勢圖動作說明，詳本書第226頁至229頁。

2.此圖自單鞭起至單鞭止，計姿勢圖11個，合為三式。

3.自第219圖起至229圖止，均連以虛線，並畫矢頭，指明動作之趨向。

漢武集曹全碑題

不以攻人
道以養生

箴言

第十段　式數三

第六十六式　術名　單鞭

【用法】為勾摟按掌之法。

【說明】由第218圖，腰胯復由左向右扭轉，右臂由左外方向右，平摟一週即向右平舉掌變勾手，左手垂下由左下方繞圜一週，掌即向上抄至腰間。右腳由直而彎，左腳由彎變直成右弓式，眼注視西。如第219圖。

由第219圖，右臂平舉於右，同時左掌由右腰間經肩前，右手指向上翻腕即向東緩緩伸出按掌。同時左腿提起向東進步，成左弓式，腰胯隨身向左扭轉，眼注視東。如第220圖。

【術解】此式與第三式同從略。

第六十七式　術名　左右雲手

【用法】為化敵護身之法。

【說明】由第220圖，右勾手鬆開變掌手往下垂，隨腰往左圓轉一週，轉至右肩前手心轉向內。同時右腳向東移半步，足尖點地與左腳相靠。左手同時鬆開翻腕手心向下，隨腰往下向右圓轉至腹前，掌心向上，眼平視。如第221圖。

由第221圖，軀幹即向右轉，兩臂隨軀幹旋轉手心仍向內，兩腳尖同時向右磨轉，兩膝微彎，眼平視。如第222圖。

由第222圖，左腳即向東橫一步，身軀即扭轉坐於左腳上。同時左手由右下方經右側繞轉至左肩前手，心向內；右手由前繞轉一週，雲至腹前兩膝稍彎，眼平視。如第223圖。

由第223圖，軀幹扭向左轉，同時左手由肩前隨身轉向上，繞轉雲至左肩前掌心向內。同時右腳向左腳靠近腳尖點地，兩膝稍彎，眼平視。如第224圖。

由第224圖，動作與第221圖說同第225圖。

由第225圖，動作與第222圖說同第226圖。

由第226圖，動作與第223圖說同第227圖。

由第227圖，動作與第224圖說同第228圖。

【術解】見前從略。

第六十八式　術名　單鞭

【用法】為轉變銜接之法。

【說明】由第228圖，右臂翻腕下弔，由上往下圓轉一週，向右平舉掌成勾手，同時左手由腰間圓轉至右肩前，掌心翻轉向左，指端向上、即向東緩緩伸出按掌，同時左腿提起隨手向東出一步，腰胯隨身勢扭轉

向左，眼視左掌，如第229圖。

【術解】此式與第三式同從略。

參考資料　王宗岳先生著　五續　太極拳譜

歌訣七

極柔即剛極虛靈，運若抽絲處處明，開展緊湊乃縝密，待機而動如貓行。

「極柔軟然後極堅剛，能呼吸，然後能靈活，氣以直養而無害，勁以曲蓄而有餘」。「心為令，氣為旗，腰為纛，先求開展，後求緊湊於縝密」。又曰：「先在心，後在身，腹鬆淨氣斂入骨，神舒體靜，刻刻在心，切記一動無有不動，一靜無有不靜。」「牽動往來，氣貼背，斂入脊骨，內固精神，外示安逸，邁步如貓行，運動如抽絲。」「全身意在精神，不在氣，有氣者無力，無氣者純剛，氣如車輪，腰似車軸似鬆非鬆，將展未展，勁斷意不斷，藕斷絲亦連。」

第十一段　步位路線圖與姿勢連環圖如下：

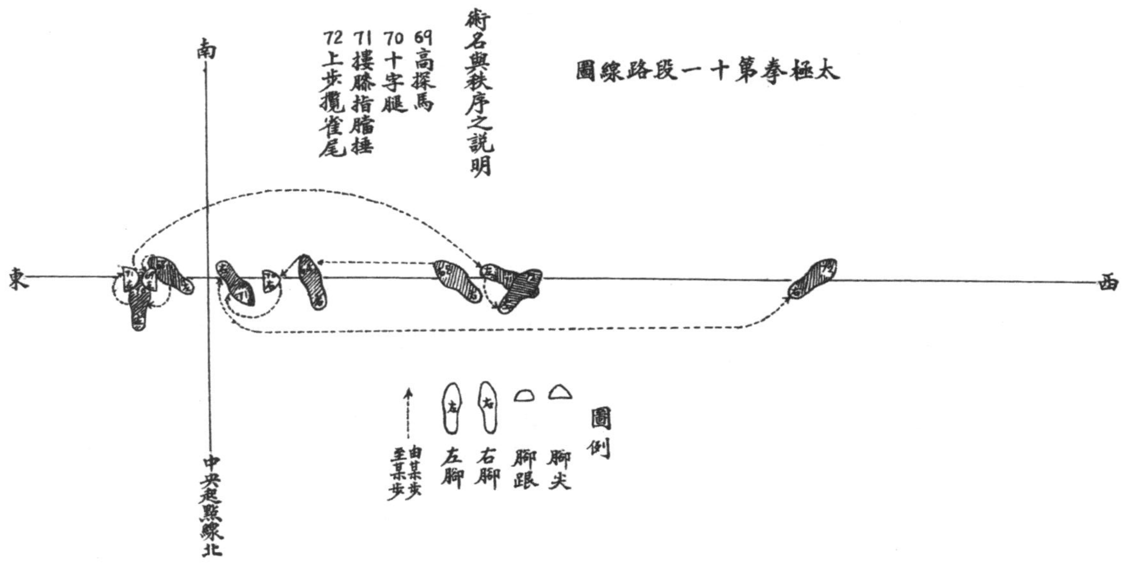

230

馬 探 馬

231

十字腿之一

232

十字腿之二

233

摟膝指膛捶之一

234

摟膝指膪捶之二

235

上步攬雀尾之一

236

上步攬雀尾之二

237

上步攬雀尾之三

238

上步攬雀尾之四

239

上步攬雀尾之五

240

上步攬雀尾之六

說明

1.此段姿勢圖動作說明，詳本書第236頁至240頁。

2.此圖自高探馬起至上步攬雀尾止，計姿勢圖11個，合為四式。

3.自第230圖起至240圖止，均連以虛線，並畫矢頭，指明動作之趨向。

勗言

天行健君子以自強不息

志青志兄精研太極拳數十年如一日，自強不息，誠君子也。

金警鐘敬題 四、廿二、八、

第十一段　式數四

第六十九式　術名　高探馬

【用法】為縮步聳身化敵法。

【說明】由第229圖，右手由右後方上圓轉至右耳朵邊向東探出，掌心朝下；同時腰胯向左扭轉，左手隨腰轉收回置於左脇下，手心朝上。同時右腳往前活步，腳掌向左磨轉，膝稍彎；左足收回足尖點地，腿伸直，腰胯下沉，身轉向東。眼平視。如第230圖。

【術解】此式與第二十九式同從略。

第七十式　術名　十字腿

【用法】為前後顧盼之法。

【說明】由第230圖，左手由脇下經右臂上向東上斜，穿掌向敵喉間去，手心向上；同時右手回護左肘之下，掌心向上，腰胯向右扭轉。同時左腳尖向右磨轉踏實，腿伸直；右膝微屈，腳尖點地，眼隨掌轉動，復向西注視。如第231圖。

由第231圖，右手由左肘下翻腕圓轉，經身前向西平攔，掌心稍向西南；左腕同時翻轉掌心稍向東南。同時右腿提起，用腳跟向敵脇蹬去，左腳直立，兩臂平展如十字，眼視足。如第232圖。

【術解】此式十字腿，以兩手展開如十字，前能擊敵之喉部，後能禦敵之襲擊，並乘機起右腿蹬敵之右脇，此所謂前顧後盼不為敵算，前後均能照顧是也。

第七十一式　術名　摟膝指襠捶

【用法】為轉身接打法。

【說明】由第232圖，右掌即變拳，臂以肘為軸，由前往內向外圓轉撇開復往後引至腰間，急向敵襠部下插；同時左手由左上往下圓轉，摟過左膝手心向下。同時右腿腳尖向北撇轉，即向西落下踏實膝稍彎，成左撇步；左腳同時向西再進一步踏實彎膝，同時右腳放鬆伸直成左拗步，腰胯先向右下沉復向左扭轉，順拳腿軀幹之姿勢，抑揚頓挫，不即不離，身微向前俯，眼隨拳腳轉動，注視正西。如第233、234兩圖。

【術解】此式應用以摟開敵手攻擊敵之下部為能事，而重在軀幹之運動，以右抑左揚復左挫而右頓。凡此運動以腰胯為軸，旋轉軀幹，含胸亦經拔背，沉肩必須墜肘，則運用靈而變化生，不以區區一擊為得策也。

第七十二式　術名　上步攬雀尾

【用法】為復習掤攌擠按之法。

【說明】由第234圖，右捶變掌翻腕掌心向上，左掌同時翻腕手心向下，如接球狀。同時右腳向西出一步踏實彎膝，左腳伸直，同時軀幹順右腳向右磨轉。兩臂復同時翻腕掌心上下互換位置，往懷中攌。同時右腳伸直左腳彎，眼視西。如第235圖。

由第235圖，同時腰胯向左扭轉，兩臂隨向轉動，同時上抬右臂，平舉於胸前成弧形，掌心向內，左臂翻腕左肘懸於胸前，兩手心相對如捧物然，肘尖下沉，軀幹轉向正東，眼視東。如第236圖。

由第236圖，腰胯扭轉向右，同時左腳伸直，右腳彎曲。兩臂同時順身勢向西掤擠，兩手仍如捧物然，右臂橫舉於右肩前成半月形，左臂彎懸於胸前，眼正視西南。如第237圖。

由第237圖，腰胯往後吞，含胸拔背，同時右腳伸直，左腳彎曲，全身坐實於左腿上。兩手同時向左右撥開，即隨身向後吞，兩手翻腕手心正向西南，兩手指分向左右斜向上，成月彎形，須沉肩墜肘，眼平視西南。如第238圖。

由第238圖，身向西南吐出，兩手同時向西南推按，手指仰向前，兩臂平行與臂等，沉肩墜肘，成半月形。兩腳亦隨腰胯向前吐，右腳由伸而彎，左腳由彎而伸成右弓式，眼平視西南。如第239圖。

由第239圖，兩手腕下彎，同時腰胯向左扭轉，兩臂順勢向左平擺，兩手似伸非伸，似曲非曲，形成各個弧形，臂與肩平。同時左腳由直而彎，右腳由彎而直成左弓式，眼注視東。如第240圖。

【術解】攬雀尾一式前後重複凡八次，一次接太極起式，兩次接抱虎歸山，兩次接上步搬攔捶，一次接野馬分鬃，一次接玉女穿梭，一次接摟膝指襠捶，惟同一攬雀尾而銜接不同，故動作稍有出入，所以作者不惜腦力，每式詳加圖說，俾研究斯學，不興歧路之歎。

第十二段　步位路線圖與姿勢連環圖如下：

術名與秩序之說明

73 單鞭下勢
74 上步七星
75 退步跨虎
76 轉步擺蓮
77 彎弓射虎
78 上步搬攔捶
79 如封似閉
80 十字手
81 合太極

太極拳第十二段路線圖由西至中

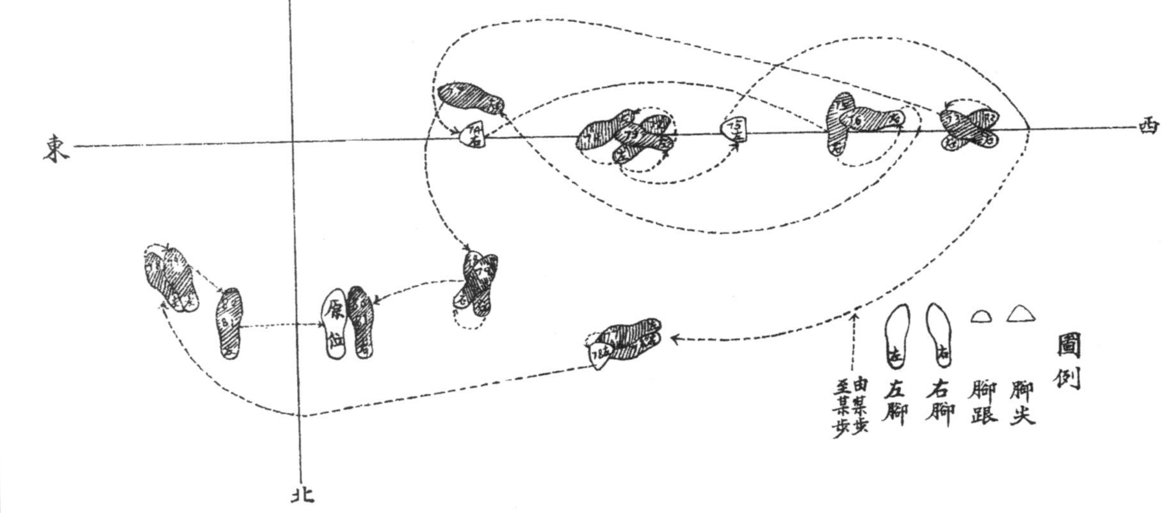

241

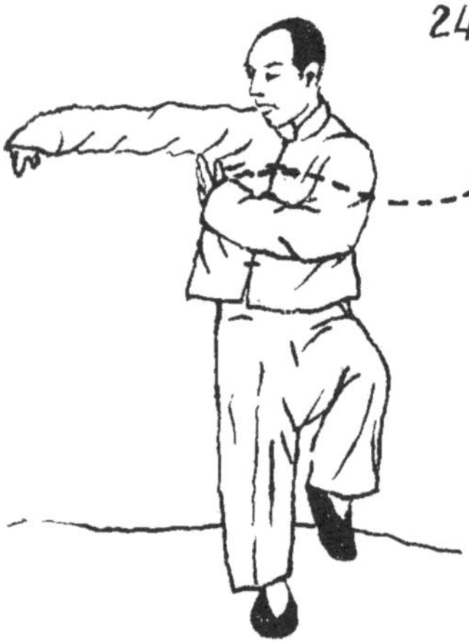

單鞭下勢之一

242

單鞭下勢之二

243

單鞭下勢之三

244

上步七星

245

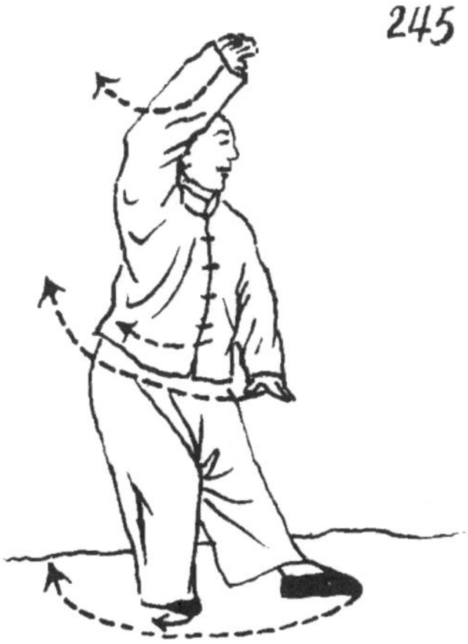

退步跨虎

246

轉腳擺蓮之一

247

轉腳擺蓮之二

248

彎弓射虎

249

上步搬攔捶之一

250

上步搬攔捶之二

251

上步搬攔捶之三

252

如封似閉之一

253

如封似閉之二

254

如封似閉之三

255

十字手之一

256

十字手之二

257

十字手之三

258

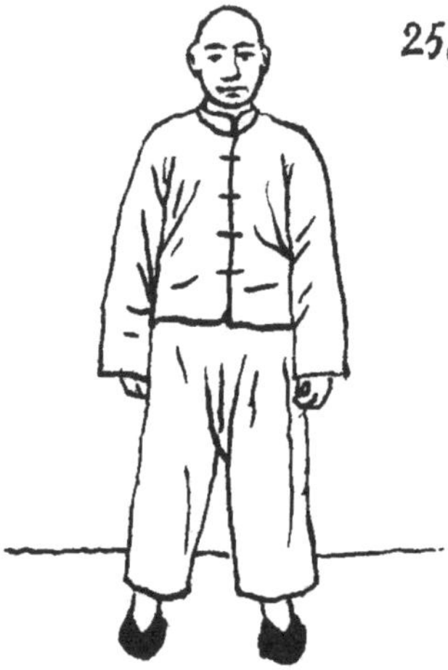

合太極

說明

1. 此姿勢圖動作說明，詳本書第247頁至255頁。
2. 此圖自單鞭下勢起至合太極止，計姿勢圖18個，合為9式。
3. 自第241圖起至258圖止，均連以虛線，並畫矢頭，指明動作之趨向。

太極合自然說

太極拳之每一動作，皆半虛半實，與球之渾圓相似，所謂動作非僅謂大動作，乃全身任何部分之每一個小動作莫不皆然，自首至尾綿綿不斷，如宇宙之晝夜不息然。太極拳且以腹部為全部動作之軸心，俯仰轉側，抑揚頓挫，四肢軀幹均由腹發動，再隨之而動，一如星宿之隨太極而動者。故太極拳極合乎自然之運動。

著者識　抗戰六週年後一個月

第十二段　式數九

第七十三式　術名　單鞭下勢

【用法】此式與第五十五式同從略。

【說明】由第240圖，腰胯復由左向右扭轉，右手由左外方向右平摟一週，即向右平舉，掌變勾子手；左手由左下方繞圜一週，掌即向上抄至右腰間。左腿提起垂直，右彎腳成直立式，眼注視西。如第241圖。

由第241圖，右臂仍平舉於右，同時左掌由腰間經右肩前，手指向上，翻腕即向東緩緩伸出按掌。同時，左腿落下向東進一步，由垂腿而彎膝。如第242圖。

由第242圖，同時腰胯復向西下沉，右腳由直而變彎，全身重心坐於右腿上。同時，左臂順腰胯下沉，與左腳成平行線，左掌位於左腳背上，右手仍平舉於右，眼仍注視東。如第243圖。

【術解】此式惟與五十五式同，而銜接處則不同，所以各動式稍有殊異而定式則一也。按：此單鞭一式，前後重複演習凡十次，銜接攬雀尾者有七次之多，銜接左右雲手者亦有三次，內二次是單鞭下勢：所謂勢同而動異者，均視前後銜接之處，動式如何為之張本。變化之妙，非一成不變之局也。

第七十四式　術名　上步七星

【用法】為迎敵之法。

【說明】由第243圖，腰胯往左起勢，軀幹往左扭轉，左腳由直而彎，左胯下沉；同時右腳隨身往東出半步，腳尖點地膝稍彎，右腳尖與左腳成丁字形，全身力量支援於左腿上。同時，左掌稍由前上抄，右勾手急隨右腿往東上抄，兩臂相交於身前，兩手即變拳，拳眼斜向上與兩肩平，沉肩墜肘鬆腰，眼注視正東。如第244圖。

【術解】此式為敵由前從上擊來，我則迎之上去，以手架之，或擊之以拳，或踢之以腿，此為技術上之應用。

第七十五式　術名　退步跨虎

【用法】此式為以挒法化敵。

【說明】由第244圖，右手往右側下方圓轉一週，掌向外位於額前；同時左手往左下方擺開，手掌位於左腿旁，兩手腕向外翻轉，掌心微向東。同時，右腳向西退一步彎膝，左腳跟提起腳尖點地，腰胯下沉，軀幹隨腰胯向右旋轉成跨虎勢，眼注視東。如第245圖。

【術解】此跨虎式為迎敵之法，設敵用雙手按來，我則退步以應之，用兩手上黏下擺，使敵全力皆落於空，乘勢以挫之，此所謂制人不制於人之謂也。

第七十六式　術名　轉腳擺蓮

【用法】此式旋轉擺腿之法。

【說明】由第245圖，右腳掌向右後磨轉一週，同時左腳懸起，隨右旋轉，由東經西往東北掃腿一週，落於東北隅，彎膝踏實，右腳即伸直。左手上抬掌背與右掌心相擊位於額前，軀幹同時旋轉，腰胯下沉，眼注視東。如第246圖。

由第246圖，左腳即伸直，同時右腿提起由右向左上側擺腿（即順風腿）。同時合擊於右腳背上，眼注視東。如第247圖。

【術解】此式為技擊上風擺荷葉，所謂柔腰百折在無骨，撒手滿身都是手，可形容此式之奧妙也。

第七十七式　術名　彎弓射虎

【用法】為乘勢衝擊法。

【說明】由第247圖，右腿即落於東南隅踏實彎膝，左腳即伸直成右弓式。同時，兩臂隨右腿落下，復轉向右側上方，同時兩掌握拳，右拳上提至右耳前黏於敵腕，左拳即經於右脇前向東南衝擊，腰胯下沉，身軀先向右轉復向左轉，眼注視東。如第248圖。

【術解】此式為承上三式之一式也，乃成攻守進退之條件，所以成套之拳術均是一氣呵成，若要任意增損架式，不但違背先師發明太極拳之本旨，而對於一般拳組織之原則，恐難符合，學者須在此中之研究，則國術前途庶其有豸。

第七十八式　術名　上步撇攔捶

【用法】與第六十四式

【說明】由第248圖，腰胯向左磨轉坐於左腿，右腿伸直，左膝彎。

兩拳同時變掌，由右上前方向懷中擺回，軀幹隨腰胯向左旋轉，兩手擺至左肋旁。如第249圖。

由第249圖，同時右腳提起腳尖向南撇彎膝踏實，左腳虛，腳掌磨轉腳踵翹起，左膝抵在右腿後，軀幹復向右旋，腰胯下沉全身坐於右腿上。同時右掌握拳以肘為軸，手心向上，由左脇向右方撇開至於右腰間，左掌隨右臂轉動，由懷中向東伸出攔開敵手，眼視東。如第250圖。

由第250圖，左腳向東出一步彎膝踏實，右腳放鬆伸直。同時，右拳由腰間向東平衡，左臂稍往後帶，掌即護於右臂旁，指端向上，軀幹同時向左旋轉，眼注視東。如第251圖。

【術解】此式全套中有同此式者六個，惟每次承上式銜接處個個不同，凡每一式第一動式均各殊異，而成法則同。

第七十九式　術名　如封如閉

【用法】為封格攔截之法。

【說明】由第251圖，腿胯向右後坐，身腰向內呑（即含胸拔背），右腿下彎，左腳伸直。同時，右拳變掌隨身往後縮回，左臂即承於右臂之下向前伸出，以格敵之意，腰胯下沉，眼注視東。如第252圖。

由第252圖，兩臂同時翻腕向左右撥開，兩臂即向後縮回含胸拔背，掌心向前手指微曲。如第253圖。

由第253圖，即向東平按兩臂如半月形，腰幹腿胯向東吐出，左膝彎右腳伸成前弓後箭式。如第254圖。

【術解】此式前後凡三次，復習法式均同。

第八十式　術名　十字手

【用法】為防上禦下之法。

【說明】由第254圖，軀幹向右轉正，同時右腿下沉似四平襠，右虛而左實。兩臂同時向右上方擺開轉正，兩掌心向前形似滿月，眼平視。

如第255圖。

由第255圖，兩臂順軀幹轉動，同時由上分向左右緩緩下按至襠前，兩手心向內形如抱月然。兩腿順腰胯擺動左虛右實，腿仍下沉，含胸拔背鬆腰。如第256圖。

由第256圖，兩腿緩緩直立，兩腳同時向內收與兩肩同寬，兩腳直立成平行式。兩手交叉，掌心向內，兩臂同時隨身體徐徐上升，由下而上交叉圜抱於胸前，眼平視正南。如第257圖。

【術解】此式前後共三式，動式與銜接處均同。

第八十一式　術名　合太極

【用法】此式為全式終了之法式。

【說明】由第257圖，兩手由前分左右徐徐下按，手心向下按至兩胯旁，復歸太極起式原狀。左腳同時收回，成立正之姿勢。如第258圖。

【術解】此為一套拳術終止之式，學者尤宜注意凝神息慮心靜意舒，始終一貫不可散失，收其心，斂其氣，復納於丹田，仍歸於太極，則獲全始全終矣。（完）

王宗岳先生著：太極拳譜　六續

十三勢行功心解

以心行氣，務令沉著，乃能收斂入骨。以氣運身，務令順遂，乃能從心。精神提得起，則無遲重之虞，所謂頭頂懸也。氣換得靈，乃有圓活之妙，所謂變轉虛實，發勁須沉著鬆淨，專主一方，立身須中正安舒，撐支八面。行氣如九曲珠，無微不到，運勁如百鍊鋼，何堅不摧。形如搏兔之鶻，神如捕鼠之貓，靜如山岳，動若江河。蓄勁如張弓，發勁如放箭，曲中求直，蓄而後發，力由脊

發，步隨身換。收即是放，放即是收，斷而復連，往復須有摺疊，進退須有轉換。（完）

練太極拳之前因後果　著者識

成盛衰毀為萬物發展之自然程式，因果關係乃宇宙事物必遵之鐵律。人類中固有由少而壯而衰而死，循自然之程式以發展者，亦有未老先衰，不壽而夭者。前者無論矣，若夫不壽而夭者，並非躐等而進違反自然律之支配，熟察之未嘗不經以上四大階級，第其歷程太短，人之不覺耳。究其所以然之故，亦非宿命論者所謂「人壽長短悉由命定」之說所能盡，實有其必然之原因在焉。古云：「日暈而風，礎潤而雨」非一朝一夕之故，其所由來者漸矣。人之生理亦然，人體構造有如內燃機械，必須燃料之源源供給乃克發揮其功能。飲食之於身體，亦猶燃料之內燃機也，稍有缺乏，

活力無由產，機能即告滯礙。且飲食必須富於營養，始能有益衛生。再進言之，倘食而不動，則機能停滯，疾病叢生，語云：「戶樞不蠹，流水不腐」，以其動也。世人雖有講究營養而終不免病魔侵襲，中年而夭者，非有他故，實不運動之罪。近世以來，科學發達，突飛猛晉，醫術昌明，一日千里，淺見者流以為有醫學之保障，可以減少死亡，避免疾病，增進人群幸福於無窮。不知夫醫學之功能為消極的盡能補救於已病之後；而不能防患於未病以前，事後之救，事倍而功半，其成效亦可逆睹；防患於病前用力少而收效宏，其成效可操左券。

太極拳者，即運動中之一部門，亦攝生延年防病未然之唯一良藥也，以中國國民體質之孱弱，民族健康之不振，誠能推廣而普及之，豈但謀個人之健康而已哉？起民族於廢疾，揚國威於世界，亦可操左券也。筆者致力於斯垂四十載，宣導有心，普及乏術，今就本書重訂之始，敢就經驗所得，舉實例以明之，藉供同志之參證，倘由此引起國人研究之興趣，則不龜手之藥將不限於洴澼統矣。

練太極拳為治腸胃病，神經衰弱症、手足不仁疾之無上良藥，因其運動之法，和緩而柔順，且其主要動作，以腹部推動四肢，凡一動全身無不皆動，對於上述諸病，一經練習，均可喜占勿藥。且此種運動可不分男女、老幼咸宜，較諸任何劇烈運動裨益良多，練太極拳能使病者癒，弱者強，若終身練習，始終不懈，永壽康寧定可預卜。

練太極拳為最經濟之運動法，不需場地，不需器械，不論晴雨，無分早晚，團體可練，單人練，實為任何運動法中最經濟之運動法。

練太極拳最適合文人學子，乃其他任何精神勞動者，如醫生、記者、律師等，課前課後工作之暇均可練習，練習於課前，則授受功課時，不但無頭眩心悸之弊，且神清氣爽大有助於文思。練習於課後，則精神之疲勞易於恢復。推而至於其他頭腦勞動亦莫不然，此太極拳之又一優點，非其他運動所能企及者也。

太極拳動作複雜，需時甚長，似覺祇宜於個人練習，而不宜於團體教學，一經實驗，蓋不盡然，筆者應雲南財政局財政人員訓練所之聘為太極拳教官，全所員生二百四十餘人，同時教練，每星期授課二小時，計共三個月之光陰，合計三十小時，不但架式全會，面推手亦無一不能，又如國立西南聯合大學團體教練員生，一年之內先後學成者計有五班，每班人數多少不等，少則二十餘人多則有六十餘人之眾，每班成就之時間，亦不過三十小時，筆者經此實驗後，自信教練太極拳毫無困難，蓋費時少而收效宏，正所謂事半而功倍也。

立國於當前，強弱競爭，戰禍連綿之大時代中，首須把握住雄厚之人力與物力，能戰勝強敵操必勝之權，然所謂人力云者，非孱弱之病夫可以充數，必須全國國民皆有健全之體魄，方能算為真正之人力，查吾國人口雖號稱四萬萬五千萬之眾，而體力孱弱者比比皆是，正所謂量多而質不精，若經一翻天覆地鍛鍊，必能轉弱為強也。筆者姑舉，一二實例為證，

如西南聯大教授羅隆基先生因上肢痲木不仁胃部消化不良，便秘而兼患糖症，稍一勞頓，即諸病叢生，困備不堪，醫藥無靈，嗣經練習太極拳約三十小時後，據羅先生自稱「經醫生檢驗胃病與尿症俱消失於無形，而上肢亦恢復常態運動自如矣」由此實驗之結果，遂引起聯大不少員生之興趣，紛紛自動請求查良釗先生開班學習，此為聯大練太極拳動機之始也。又雲南省黨部常委楊家麟先生本患肺管炎，歷經名醫診治收效難期，經筆者授以太極拳習練三個月後，肺炎竟霍然痊可，於是竭力宣揚練太極拳之功效，將太極拳介紹於財訓所員生，二月小成，經陸公子安蒞所參觀，睹諸生精神之飽滿，身體之康強，乃毅然發心將太極正宗及銓真二書一併付諸剞劂，以期廣為傳播，俾人人康樂共登壽域，此不過略舉耳，其如神經衰弱，失眠，心臟衰弱，便秘，與夫腸胃四肢不仁等症，因學太極拳而占勿藥之喜者，不遑枚舉，凡中國人苟欲洗東亞病夫之恥，謀個人體魄之康強，事業之成功，易勝乎來！

太極拳正宗詮真

太極拳正宗詮真　自序

余承師法著《太極正宗》稿成，蒙楊師指正，乃同門陳、胡二先生校訂，問世後風行海內，又荷謬許，益感愧恧，朝夕思之，應如何努力以報同道之企望，毋負楊師之心傳播。余雖不敏，感師友之督責未敢稍有自滿，乃對太極拳作進一步之探討，行將十年訪得名師益友傳授之心法，作《太極正宗銓眞》，以供愛好同道之印證。

蓋太極拳練習有架式有推手。推手為架式應用之試驗，架式為練習之體，推手為闡明架式之用，此為太極拳體用兼備一貫之體系也。

惟查近世以來，太極拳傳佈日廣有遍及全國之勢，此為太極拳之幸運也。然而日盈則昃月滿則虧，太極拳亦不能例外，於是傳之愈遠愈衍

而晦，或難免不使體用兼備之太極拳失其本來面目，於是有志斯者惄焉憂之，此銓眞之所由述也。

按太極拳古法除架式與推手之練習法外，尚有十三字行功法、八字訣、十三字總勁、虛實法四種奧義，為歷代師尊不輕傳人之秘寶，此所以太極拳之架式雖推行甚廣，遍及全國，而太極拳之四種奧義眞傳則歷久而傳佈日稀，學者僅得其形式與皮毛，而失其靈魂與精華。

夫太極拳既為時代之產物，不應秘而不傳，若傳之而失其眞，不若不傳之為愈。余有鑒於斯，爰將上述四種奧義銓解，廣為傳佈，附以筆者數十年之經驗所得，如中心與重心，力與勁，六合三摧，變化氣質，啓發潛能等理論，不厭求詳，引申其說，以明太極拳之效用，而發揚光大之，俾太極拳成為科學化之國術，推行於世，作強國強種之利器，是所企望也。

按太極拳每一動作均含圓形，圓中亦含方形，亦即方中有圓，圓中有方之象徵也。但必須在渾圇中包攝之，以不露形不顯痕為原則，此即中心與重心之運用，舉例言之如圓轉則自如，無方則不固，行方則滯，非圓不靈。方中有圓乃所以顯其靈活也；圓中有方乃所以求其穩定也。此為研究太極拳唯一之要訣。

太極拳以架式為體，以推手為用；以十三字行功法為體，以八字訣為用；以十三字總勁為體，以虛實行功法為用。換言之，架式與推手均為之體，十三字行功法、八字訣、十三字總勁與虛實行功法為之用。亦即中心運用重心，重重演進之無上妙法。如中心穩定，重心必而運用自如。倘練架式者未能注意練習中心，必致守之則不固，攻之則無勁，所以徒運用重心而不明中心之理，不啻捨本逐末，徒勞無功。中心者：拳經云：「尾閭中正神貫頂，滿身輕利頂頭懸。」此為正確架式姿勢之準繩也。

太極拳最高之哲理為虛實二字，拳經云：「練拳不諳虛實理，枉費功夫終無成。」虛實者，換言之，即中心與重心是也。按人體以軀為中心，為四肢為重心，推而廣之，肩與胯，肘與膝，手與足，及頭部共七部，俱各為各個之中心，亦即為各個之重心也。此為人體外形之分解，茲以幾何畫為喻，於正圓中求一正方形，必先求中心之交點，方能畫成正方形。又如在正方形中求七個切邊圓形，亦必須先求得方中之中心交點，然後再畫七個切邊圓形之中心交點，方能畫成方中含有七個圓形。所以方中可有無數之圓，圓中亦可包含無數之方，雖每一個圓形之中，必有中心，亦即每個方中亦有中心，其中心之外當為重心，此理甚明。而太極拳即據此理而運用，於是凡研究太極拳者，以此為法，則姿勢易於正確，虛實之理亦在其中矣。又虛實二字亦可作客觀主觀之解釋。諸事持客觀態度，不為物所蔽，則明；持主觀態度，易為客氣所塞，則暗。又太極拳視來勢應機而變化，非先立己見，固執其一也。所謂：

「練拳不諳虛實理，枉費功夫終無成。」即是理也。

太極拳最妙之處，為全套架式之動作聯綿不斷，一氣呵成，且迂緩而冗長，乍觀之似覺卑之無甚高論，其實妙處盡在其中。迂緩主於靜，則以靜制動；冗長主於持久，則以長而制短，以緩而應急，以虛而化實，此為太極拳之妙用也。

武術家功夫練至爐火純青之候，雖是草莽武夫，不期然而然，深明大義，路見不平拔刀相助，如枳深井里者流，此所謂發潛能變氣質之明證也。

本書脫稿後，承查良釗，杜恩霖，蔣日庶，馬筱良，馬覺，李濟五，謝漢俊諸位先生，或校訂，或潤色，或合影而圖畫，各出餘緒，以成斯篇，特誌數語以表謝忱。

中華民國三十二年四月序於昆明國立西南聯合大學訓導處

太極正宗詮真 目次

太極拳，太極拳，合乎科學，取法自然，非神仙奧妙，乃民族經驗，集古今拳法的大成，是舞蹈學術的發展。強健身心，鄙棄暴力，運用自如，自衛第一，斗方之地可施展，週身運動無偏畸，這是中國的形式體育，老弱咸宜的鍛鍊筋骨。志青先生，教學不倦，科學說明，堪稱空前，研習三十年，著述百萬言，發揮民族藝術，傳播太極真詮。

李公樸題

太極正宗出版紀念

外練筋骨肉，肉練精氣神，

大可強吾國，小可強吾身。

褚輔成題

例言

一、本書旨在練習國術鍛鍊體格，並非以血肉之軀抗衡現代武器，而係鍛鍊剛健之體魄，俾可動用現代之武器也。抗戰今日，凡百事業俱應以經濟為先，國術設備簡單，最合經濟原則，且中國人習中國歷代相傳之國術，國情民俗並皆相宜。

二、本書闡明太極拳致用之功，銓釋行功之竅要。

三、本書對於力與勁之區分，及其練習方法，有深刻之見解。

四、本書對於太極拳能啟發人體之潛能一點，有詳盡之解說。

五、本書對於中心運用重心，以及每一動作均含有四種形態，有確實之論證。

六、本書闡明前人不傳之秘，實用推手法，由淺入深，舉例使用，將太極拳十三勢，亦即掤攦擠按採挒肘靠進退顧盼定十三字行功法之原理、秘訣，揭發無遺，破除世人對於太極拳神秘之見。

七、本書闡明練習太極拳有卻病延年之功，變化氣質之妙。

八、本書為筆者搜集平日探討之所得，彙集而成，支離破碎，謬誤不免，敬希海內學者不吝指正！俾太極拳得以發揚光大，則筆者所馨香禱祝者也。

二　太極正宗銓眞概論

中國國術一道，自古迄今彪炳史冊者不乏實例，惟僅記其功，未記其致功之究竟，縱或有之，亦不過戰術戰略而已。至明代戚少保繼光所著《紀效新書》，對於戰鬥之武器與應用之方法，始有詳盡之記載。

或曰今之世為科學化、立體化之戰爭時代，非比昔日一刀一槍之戰鬥時代，國術何將所用乎？是誠然。今日之武器其犀利至不可思議，一秒之時達數十發，一彈之重達一二噸，堅城固壘當之立毀，況區區血肉之軀乎？然而武器雖利究為物質，非人運用不能自動，而遂用此種犀利武器之人，必須有健強之體魄，方克勝任。近年中國選拔學生赴美研習高深航空術，體格及格者百無一二，即已受初級中級訓練之空軍學生，至美後尚有因體力不合而被遣返者。民國三十年空軍幼童學校，第二屆在昆明招生，應考者七百餘名，體格及格者僅九人耳；國人體格之孱弱可以想見，縱有犀利武器，若無健強之體魄可以運用，亦屬徒然。故今日尚言國術者，非教人以血肉之軀抗禦現代武器，而為教人由是鍛鍊體格以運用現代武器也。

或又曰鍛鍊體格之法甚多，何必採用落伍之國術？不知國術為中國歷代相傳自衛衛國之一種國粹，吾國自開化以來，技擊之術學者倍出，此種技擊曾經千百人之心血，千百年之磨練。固有其優良獨到之處，實未可厚非，且中國人習中國歷代相傳之國粹，身體習慣，皆極適宜。

中國艱苦抗戰已歷六年於茲，為持久計，無論國家與人民，允宜事事就經濟上著想，鍛鍊體格之法多端，而最經濟者莫如國術；因其設備簡單也。且此有歷史性之技擊，有不少俠義故事留傳民間，一經推行，則前代之武俠精神不難重現。

近年國民政府頒佈國民體育法，亦有拳術一項，可見政府諸公亦認為國術尚有體育之價值。淺見者以為外人不習中國拳即以為中國拳術落伍，不知各國有各國之國民特性及流行之運動方法，故東西各國編訂軍式操典及各項運動規則，無不合乎其本國之國民性及其國民體魄之要求為原則。中國國術即適合於中國民性及國民體魄、鍛鍊體格之方法也。

國術有少林、武當之分，余以為執戈衛國之士，宜習少林拳，終日

用腦之文人學士，宜習太極拳（即武當）拙著《太極正宗》（民國廿四年上海大東書局出版，現為合訂一冊）即詳述太極拳之練習法，初學、已學者均能按圖索驥，一目了然。

或謂太極十三式為牽強附會，掤握擠按採挒肘靠等，不過為八種手法，任何專家亦難一一演出，只能以推手姿勢略為分析，至於前後左右中定五式，更屬含糊等語，蓋其未諳先賢奧旨。筆者特將太極十三字行功法、八字訣、虛實行功法、十三字總勁歌，一字一句加以詳確銓釋，使世人知太極拳十三式確非牽強附會，實屬一字有一字之根據者，並將進退顧盼定五式，在十三字行功法中，亦闡述極詳。

各種運動方法，有僅人體局部之動作，亦有人體全部之動作，局部者即單力之表現，全部者為合力之表現。太極拳即後之一種，其每一動作皆由曲線、弧形、波浪及螺旋形等四種形態，協合而成，亦即心身內外各機構所有之力量，一致集中於丹田（即臍下三指腹部之中），運動此項合力，拳術家名之曰勁。蓋勁之力量，無形無跡，全以心思意識為主宰，即心理上變態之力量。人於心緒緊張時心理變態每有超乎尋常之力量，太極拳能鍛鍊此種無意識之力量，使其成有意識之勁。此種潛藏力量受理智之馴服，即思想神經控制運動神經是也。鍛鍊之法，要在用意不用力，即「鬆腰，塌肩，墜肘，上下相隨，內外相合」，處處留意曲、弧、波、旋等形態。

太極拳適合乎生理衛生，拳經曰：「尾閭中正神貫頂，滿身輕利頂頭懸。」此即合乎生理之正規姿勢。凡人在任何狀況下，必須保持身體正直，頭頂若懸之姿勢，則精神集中於腦而不散亂；又須絕不矜持，滿身輕快，則無拘束之弊，並在動中求靜，靜則心安神定，衛生之目的達矣。

人體各部在開始鍛鍊時，無論何種動作，必有不自然之感，須持之以恆，久之自成習慣。人體之構造極端複雜，太極拳之各種複雜動作，足以適應之，故太極拳者，為人身各部機構之優良鍛鍊工具也。

中國漢唐以前，人習六藝，寓兵於農，故國勢強盛，四夷懾服，五千之年歷史賴以維繫，中原之教化得以昌熾，民族強弱與國家之興衰，其關係有如此者，何去何從吾為知所選擇矣。雖今日火器昌明，戰鬥異其方式，但當肉搏衝鋒，決勝疆場之際，則端賴有健壯之體力，靈敏之腦筋，與夫矯捷之技擊術，方克致勝。故國術者無論古今其為用初無二致，小之足以健身自衛，大之可以保國衛民，此技擊之所以稱為國術也歟？

中國自古崇尚禮義，雖在用兵之際，亦復恩威相濟禮義兼施，習國術者雖多赳赳武夫，但概以俠義為重。蓋研習國術既精，性質漸改，不期然而能路見不平拔刀相助矣。非如極權國之教導國民專作侵略之工具，藐視禮義者可比也。太極拳之特性在於持久，力不外揚，中和涵蓄，不發則已，一發則不可遏止，此與中華之民族性恰相符合。

中國國術，昔時並無宗派之分，自達摩祖師東來公開傳導，至覺遠上人時武術大備，長拳短打經緯分明；宋末道家張三豐祖師又傳太極拳，後世稱為武當派，而以達摩所傳者為少林派。國術中包含至廣，如手眼身步法之正其步規其法，出手有一定之角度，轉身有一定之法規，中心正直而不動，重心因勢而轉移，每一轉動或九十度或四十五度，眼光隨手運轉，凡一舉動無不與現代科學暗合，決非隨意擺佈者；學習時姿勢如不準確，不僅功夫難得進境，抑且有礙於心身之發達，徒勞無功。故教授國術應將繁複之動作析為簡單。簡單者演為繁複，因人施教，以期學者易於領悟，而不失健身之要旨。世有習國術甚久，迄難致

用者，非國術之過，實學者未深求動作之形態，或教者不明教學方法過也；又有同一宗派之國術，而習之者人各不同，教者互有出入，則過去秘不公開，各眩奇異之故，非國術本身之罪也。

研究國術不宜性急，須按部就班，循序漸進，且時時注意姿勢之正確。急則囫圇吞棗，食而不化，不惟難得國術之真妙，亦失健身之要旨矣。

研究國術尤須有堅毅之信念，百折不回之決心，無論忙逸，每日必須於規定時間依法練習，苟一曝十寒，必難收健身之效也。

練習國術，原為鍛鍊心身，惟初習時筋骨略覺酸痛，世人每誤為適得其反，乃半途而廢，不知此乃生理上新陳代謝之變化，加強筋骨健壯肌肉之象徵，過此酸痛時間，自漸週身輕利矣。

太極拳之每一動作，皆半虛半實，與球之渾圓相似，所謂動作非僅謂大動作，乃全身任何部分之每一極小動作莫不皆然，自首至尾聯綿不斷，如宇宙之晝夜不息然。太極拳且以腹部為全部動作之軸心，俯仰轉側，抑揚頓挫，四肢軀幹均由腹部發動，再隨之而動，一如星宿之隨太陽而動者，故太極拳乃極合乎自然之運動。

練習太極拳無須任何設備，空間時間無不合乎經濟條件，兩人可練，一人亦可練，晝夜、晴雨、室內、室外無不可練，尤不分男、女、老、幼者皆可練習，此太極拳之特長也。

太極拳具有健身自衛增長呼吸，助長消化之功能，進一步言更有延年益壽之衛生術，此在習者能否寒暑無間，晨昏不斷揣摩習練耳。至習之而反身羸體弱者，實習之不得其法，誤入歧途；或一曝十寒，忽弛忽張，損及心身各部之組織所致。

綜之太極拳實為切合科學原則，適於實用之運動。世人不察，以為

好勇鬥狠之武技，此其罪究在誰乎？是以不敢重蹈前轍，有所知輒公之於世，使習者易於入其堂奧，不習者亦得窺其底蘊，庶幾可以移轉世人過去之評判，而成登此健康之路，則國術幸甚，民族幸甚。

三　選　材

語云：「工欲善其事，必先利其器。」欲成一藝，選材為必要之條件。材分教材與師材，茲先言教材，國術分少林武當二派，少林俗稱外家拳，種類之多不勝枚舉；武當俗稱內家拳，包括太極、形意、八卦三大種類，以區域分則有關中、湘、贛、川、黔、閩、粵、冀、魯，約言之可分為南北二派，南派拳術貴團緊主守，北派當開展長攻。北派拳術大致有彈腿、查拳、紅拳、花拳、炮拳、潭腿、長拳、地躺、心意、六合、太祖、羅漢、太極、八卦、形意等門，南派則分鶴拳、蛇拳、豹拳、猴拳、孔家少林、孫家少林、少林大成、南太祖、八仙、少林雲、少林奇門、少林外功禪門等。南北拳門下分套，套下又有徒手器械之分，單練對打之別，其實五花八門，莫非少林一脈相傳，所謂蓮蓬、花葉、藕同出一本也。教材種類既繁，必須審慎選擇，求其有體育之價值，能收教育效果者。余以為太極拳、八卦、形意拳、彈腿、查拳、花拳、紅拳、炮拳均為上選，至於猴拳，地躺拳等則不合體育教育之原理。蓋猴拳主要姿勢在象形，如楞眼聳肩縮肋矮步，此等姿勢實有悖生理之發展。地躺拳主要動作為跌撲翻滾，初學者全身各部必受劇烈之震動，亦不合生理衛生之道。

公務員運用心神，與武士之執戈衛國迴然不同，公務員終日勞神枯坐，四肢疲乏，生理上受職業之限制不能平均發展，應選適當運動，以鍛鍊其體魄，調劑其精神，補充其平均之體態。否則甚難矯正文弱之弊。而公務員之適宜運動莫過於太極拳。太極拳勢輕而緩，由內而外，著重腹腰運動，一動則全身皆動，對於公務員之偏用手腦者裨益良多。

教材之選擇如此，師材之選擇尤不可忽，必念其精於何項國術，受自何人，修養若何，學問道德如何，教學方法如何，能否破除舊習？方可從學。

四　增補太極正宗之小動作

太極拳傳自宋末張三豐祖師，由來已久，坊間印本有數十種之多。余感於學者莫知適從之苦，爰秉吾師楊澄甫先生之遺訓，及同門陳微明、胡樸安兩先生之攻錯，並參酌各家著述，著《太極正宗》，於民國二十四年付上海大東書局出版，此後因不斷之探討，又覺略須補充者，茲將補充之小動作列表闡明如後：

頁數	式數	式名	動別	原文	補充	理由
70	2	攬雀尾	四	左腳向東南伸出	左腿提起（大腿提平小腿垂直）然後向東南伸出（先以足跟著地，再徐落全部腳掌）。	(1)關於生理方面：伸長韌帶，活動各部關節。(2)關於練功勁方面：暢通勁路，運用各部關節集中力量，以應用。
71	2	攬雀尾	六	右腳向西伸出	右腿提起（大腿提平小腿垂直）然後向西伸（先以足跟著地然後徐落全部腳掌）。	(3)關於攻守方面：舉腿即攻之小腹，垂腿即守自身下部，伸足即踢敵小腹。(4)關於中心方面：提腿再伸即（折疊各部韌帶，將全部之力量集中丹田再伸長擊敵，猶折疊之彈簧性作用，所用之力量則速而有勁，此為中心運用重心之法也。
84	11	如封似閉	一	左臂即翻轉承於右臂之下，儘量向前	護於左臂旁之左，掌心下按承於左肘臂下，掌心朝下，手腕往前向左雲撥平舉於	(1)關於生理方面：左掌下按，復旋轉掌心，再縮回兩掌於肋間又復伸長，此即活動肩臂肘腕各關節，加強伸縮力量並鍛鍊

	84	84	85
	11	11	12
	如封似閉	如封似閉	十字手
	二	三	三
伸出，掌心朝上。	兩臂同時翻腕向左右撥開，即向後吞回，掌心向前，手指微屈。	兩臂緩緩隨軀幹向東平按	兩腿緩緩直立，兩腳同時向
左右，捶變掌縮回胸前，手心朝上。	左臂旋轉掌心朝上，同時兩臂縮回於兩肋間。	兩臂同時由肋間上托即經右肩前徐徐東斜上伸	同時右腳向內收半步，膝微屈；左腳再向內收半步，膝仍微
胸大肌、斜方肌、二頭股肌、三頭股肌等肌肉。 (2)關於勁路方面：兩臂由大圓縮為小圓，即為蓄勁集中於丹田，復由小圓放大圓即為發勁，蓄勁比如開弓，發勁比如放箭。放箭逾快而逾有勁。	(3)關於攻守方面：左掌下按即往前向左雲撥，為解除敵之威脅，復因其威脅，以擺勢將敵向懷中擄回。敵如縮回，隨即乘勢隨其劣勢往外發動。此所謂順水推舟之法也。		(1)關於生理方面：如果此式動作，為沿用直立不加調整，只有腿與臂之運動，關於膝胯肩

內收與肩同寬，兩腳直立於平行線上。

屈，兩腳收齊平行後兩膝由左向右旋轉一週，此時兩腿挺直，腰腰胯再旋轉一週，腰胯伸直。同時兩臂由下垂隨兩膝腰胯旋轉時緩緩上升，此時兩肩同樣由左往右旋轉一週，兩掌朝內右手在內，左手在外，成交叉形。

肘，外形之動作消失，內部腸胃、心臟之活動亦無影響，故有補充之必要。

(2)關於物理方面：凡物由下上升，若突然直上必為氣壓所阻，行動不暢，如以螺旋式旋轉上升，則暢行無阻。人由蹲勢突然直立，亦覺為氣壓所阻，肺部被迫而不暢，如旋轉而上則肺部不受壓迫，各關節亦得輕快之活動，有助於心身，實非淺顯。

(3)關於練勁方面：運用全部各關節使其靈活，並加強韌帶之收縮力。

(4)關於技術方面：鬆腰塌肩墜肘為國術中主要之技術，肩能塌，腰能鬆，肘能墜，則氣自然下沉，而精神亦自凝固矣，是謂內外相合。意志力量均能集中，至於發放之動作，伸縮

	99	120
	13	27
	抱虎歸山	左右雲手
	一	三五七
	軀幹向西北轉動，同時右手向西北斜下按，身軀復向東南轉動，左手隨即向東南斜上托，右足隨右手向西北退一步。	未曾將翻掌轉腕引肘向後之
	上列原文與師傳毫無脫漏，唯按實際上小動作稍有補充。軀幹向東北轉動，兩腿下蹲，兩足掌稍向西北磨動。同時兩手掌翻腕，手心朝下握拳如虎爪形。	在原文「右(左)手由前繞一週雲至腹前」一必須改為右（左）手
之肌肉，為達到運用自衛之技術，到此境界，即以虛化實，以實擊虛是也。	按兩掌翻轉握拳關於生理上與前各式同，關於技術上掌若不翻轉變虎爪拳，則失拳術上真義。翻轉握拳者即「採」之義也。兩臂上下斜分，及右足向右後斜退者為「挒」之義也。若此小動作忽略，則拳術之真義失矣。	此式手掌若不翻，手腕亦不轉，關於生理上亦不能手臂肘二頭股筋、三頭股筋各部分肌肉得到相

	135
	33
	進步栽捶
	一
小動作說明如第三動作、第五動作、第七動作右（左）手由前繞轉一週雲至腹前。	同時右臂翻腕收回於腰間，隨即握拳復往左腿前轉下栽捶。
由左肩前繞至心前即將掌心翻向下，同時手掌下按，右肘後引仍下按至右（左）腿旁，臂垂直為度。以下第五動作及第七動作均接如斯而行。	同時右臂翻腕，掌心朝上，由前經左腳往左後由後下轉，臂由右外斜上繞至右斜上方，即將拳（以第二轉關節編成拳栽擊敵頂腦）截至額前，腰
當均勻活動，尤其關於技術上沉肩墜肘之功夫亦未如期做到，況翻腕引肘即「搌」法中之要竅。以此法由自衛兼攻擊，如敵以拳衝擊而來，以掌格之，翻腕以按之，引肘以採之，此即將敵直力化為橫力（格），復改變縱力（按），並加力牽引又變直力（引），將敵來勢分化為三節，我即因翻掌引肘順敵之勢截分為三，而我防禦二者，兼而有之。此為補充之意義也。	此式依原文「捲拳徐徐往左腹前斜下栽捶」，顧名思義極其合理，然而關於技術上仍有研究餘地。蓋此一式與其下一式白蛇吐信，互相為用，此為佯攻，彼為實擊，若栽捶下至左腹前則拋物線太長，而攻擊力亦超過限度，

					塌身立。	不但收效不易，而中心亦難穩固，反被制於人，不若取佯攻之姿態，收下式之效果。此為術中虛實之變化云爾。
153	43	如封似閉		同前	同前	同前
154	44	十字手		同前	同前	同前
165	45	抱虎歸山		同前	同前	同前
196	54	左右雲手		同前	同前	同前
227	67	同前		同前	同前	同前
252	79	如封似閉		同前	同前	同前
253	80	十字手		同前	同前	同前

五　太極正宗十三字行功法

太極拳之盛行已數十年，有關著述達數十種之多，但多標新立異，以炫獨得秘傳，分岐百出，莫衷一是。余於研究之餘，確定八十一式，作《太極正宗》。民國二十九年春在滇，吾宗孟俠先生，轉請金一明先生介紹相識。孟兄精八卦，擅太極，為當今國術界之佼佼者，一談傾心，相見恨晚。孟俠於《太極正宗》一書許為同調，惟書中未將十三字行功法刊入為惜！經余請益，孟俠慨將歌訣十六句，計一百一十二字錄出，迴環把誦，一字有一字之用，一句有一句之法，字字珠璣，句句錦繡。復經孟俠不吝講解，乃如醍醐貫頂豁然開朗。茲得孟兄許可，特公之於世，並作釋義。

歌訣

掤手兩臂要圓撐　動靜虛實任意攻
搭手攦開擠手使　敵欲還著勢難逞
按手用著似傾倒　二把採住不放鬆
來勢兇猛挒手用　肘靠隨時任意行
進退反側應機走　何怕敵人藝業精
遇敵上前迫近打　顧住三前盼七星
敵人逼近來打我　閃開正中定橫中
太極十三字中法　精意揣摩妙更生

釋義

【掤】掤者二臂撐開如捧圓盤，穩定中心如盤之承珠，任敵攻擊，我惟以盤閃展迎擊，惟仍盤不離珠，亦即不失中心之所寄，以中心為迎拒之謂。此即「掤手兩臂要圓撐，動靜虛實任意攻」是也。

比如敵方以按勢反攻，我雖以圓形之掤勢承受來勢，惟仍急將腰胯後吞，身胸內斂，則敵按勢已如誤踏陷阱，腳底頓空。我再乘虛而入，強敵自摧矣。拳經云：「不得機不得勢，在腰胯中求之。」老子曰：「心要虛，腹要實。」可為掤勢寫真矣。

【捋】捋者借敵攻勢，而順其勢反擊之謂也。

比如二人推手，敵方以左手掤來，而我左手扶住敵左腕，右掌扶住敵右肘，兩掌順勢，虛心斂腹，往懷中左下側捋開，則來勢因此而化，如乘機反攻，即聯用擠手，敵一攻撲空，必定縮回，不意我迅雷不及掩耳接踵撲入，怒風襲危牆，不倒者幾希。此之謂「搭手捋開擠手使，敵欲還著勢難逞」是也。

【擠】擠者乘機突襲之手法也。

比如敵使右掤手，我以右手接應敵腕，左手背貼近敵右肘彎；敵則側身擎臂以護右肘，我乘此急將右掌按住自己左手尺骨處，出其不意直攻當胸；敵因側身，已失中心，遭此猛擠，則無不應手傾跌也。

【按】按者若推山入海，勢如奔馬，用兩掌按敵雙臂之謂也。

比如敵人以掤勢攻來，我在敵將達未達剎那之間，中途邀擊，急以雙手對敵，按手向上略逗，以鬆敵勁，再在下按，同時上身略向前傾，使用肩肘，及腰胯、足、膝等功勁由下而上，勢如烈風拔樹，則敵勢難再逞，所謂「近手用著似傾倒」是也。

【採】採者擒也，即兩手粘敵，不即不離，欲擒故縱，準備攻擊之勢也。

比如二人交手，兩手互使盤法，覺敵似有怯戰意，乃先發制人，粘住敵臂，不使敵離我掌握，我即開始攻擊，此之謂「二把採住不放鬆」

是也。

【挒】挒者擰也，說好先採後挒以殺敵之勢也。

比如二人決戰時，敵以全力進犯，我先用採法粘住敵人兩手，而後藉敵兇猛之勢，加以自身力量，迅速轉動腰胯，同時一腳後撤，摧枯拉朽，摔敵於自身之外。此之謂「來勢兇猛挒手用」是也。

【肘靠】肘靠者，以敵逼近身旁，我反守為攻，以肘克之，靠近敵身，使其無迴旋餘地。

比如敵以勢逼近我身，此時我兩手不及抽回，或無法收回，可急含胸斂腹閃開，以避其鋒，再以臂肘短兵相接，直封其面門，同時以肩胯逼近敵身，使全身力量，迫敵離開中心，我即乘機擺弄，則敵自傾，此所謂「肘靠隨時任意行」也。

【進退】進退者即避實乘虛，不即不離，伺機而動之法也。

比如㈠為活步推手時，敵進我退，即避實之法也。㈡為大攌（即拗步）推手時敵反擊我側，即為乘虛之法。此所謂「進退反側應機走，何怕敵人藝業精」是也。

【顧盼】顧者從容之看，盼著迅速之看也。

看準敵手動靜，我已成竹在胸，須有泰山崩於前面不更色之從容，要有敵不動我不動，敵一動我先動之迅速，此全須顧得定，盼得準，所謂「遇敵上前迫近打，顧住三前盼七星」是也。

三前者眼前手前腳前，此三前為敵我決勝之場合，七星者，頭、肩、肘、手、胯、膝、足，此七部為我攻敵之利器，亦為我被攻之弱點，故在我目中應如黑夜中七顆閃爍之明星，星一微動，我已了然，自可應付裕如，此之謂顧盼是也。

【定】定者穩定中心之謂也。

比如敵由前奔進攻我正面，我即邁步閃開，側襲敵後，每次虛截擊敵之腰幹（即橫中），所謂「敵人迫近來打我，閃開正中定橫中」是也。

綜觀十三字之意義，均係脫險致勝，未經人道之妙法。所謂「太極十三字中法，精意揣摩妙更生」意義雖大致如上釋，終不過皮毛膚淺之談，實際運用，仍須有深刻功夫，再四揣摩，方能奧妙無窮也。

六　太極正宗八字訣

三換二攦一擠按，搭手遇捧莫讓先。
柔裏有剛攻不破，剛中無柔不為堅。
與人攻打要採挒，力在驚彈走羅旋。
逞勢進取貼身肘，肩膝胯打靠當先。

按八字訣者即掤攦擠按採挒肘靠八字也，此八字訣為兩敵對壘，決

勝負之秘訣。茲銓釋如後。

【三換二擺一擠按，搭手遇捧莫讓先。】

比如逢敵推手，已經「三換（即三掤）二擺」當知來敵不弱，應即以「擠按」之法制之，所謂「搭手遇捧莫讓先」，捧者掤也，有捧即非俗，不必多耗光陰，應以當仁不讓之決心先發制人。

【柔裏有剛攻不破，剛中無柔不為堅。】

世人以太極拳練時多不使力，便謂無力，不知其外表似柔，內中蓄勁如剛，有守時如處女，走時如脫兔之勢，所謂「柔裏有剛攻不破，剛中無柔不為堅」是也。若一味柔若無骨，雖有十年苦功，亦難當大敵也。

【與人攻打要採挒，力在驚彈走羅旋。】

假使對方來勢兇猛，當虛以待實，所謂「借人之力順人之勢」採挒

者即以逸待勞，借敵力為我用，所謂「四兩撥千斤」是也，敵來攻擊，我於確定敵方虛實之點後，便可使用「力在驚彈走羅（螺）旋」之訣。力者為敵「力」聚集所「在」，走者粘住敵方，化敵力反為我用，「驚彈」為觸覺之靈，敏若雀鳥之驚彈，使出動作如螺絲之旋轉，無堅不入，即於極細微之間，將敵主力化去，我乘虛而入之謂。又發放敵人非直力所能奏效，應以螺旋力撼敵。

【逞勢進取貼身肘，肩胯膝打靠當先。】

比如敵來攻我，我急趁勢利用肩胯膝三部挺身靠進，使敵不及騰挪，我再以短兵相接，迫之以肘。此所謂「逞勢進取貼身肘，肩胯膝打靠當先」是也。

七　太極正宗虛實行功法

虛虛實實神會中，虛實實虛手行功。
練拳不諳虛實理，枉費功夫終無成。
虛將實發術中竅，中實不發藝難精。
虛實自有虛實在，實實虛虛攻不空。

練武術者務須研究虛實之理，不僅太極拳如此，其他武術亦莫不皆然。惟此中竅要，神妙異常，初學者實難索解，茲釋之如後。

【虛虛實實神會中，虛實實虛手行功。】

「虛實」二字，在技擊上意義廣大，今舉例明之。「虛」者空洞無物之謂，虛則圓轉自如，不為外物所牽引。「實」者為堅固之體，固則滯礙橫生，易為外物所毀。技擊之學，貴乎自如（即主動）則人為我

制，滯礙（即被動）則受制於人。

又固如山者，真空不滅，實物易毀，故有愚公之誠，終有可移之山，空者虛也。

又如白雲之行跡靡定，若受外力（風）激動，東來則西推，西來則東浮，此為吸引外力為已行動之助也。佛偈曰：「本來無一物，何處惹塵埃。」可謂深得虛實二字之三昧者也。

【練拳不諳虛實理，枉費功夫終無成。】

習國術者如不明虛實之道，雖有十年苦功，不能當為名家之一擊。語云：「拳不攻力，力不克功，功不勝巧。」巧者即虛實之理，能運用以實攻人之虛，運已之虛代人之實，非執一不變之謂，所以善用虛實者，即應用巧妙之機動戰術也。

【虛守實發術中竅，中實不放藝難精。】

按：此二句為虛實應用之體，遇虛則守，逢實則發，「虛守實發」是技擊上攻守不易之法，無上之巧妙。比如敵以猛力（即實）攻來，我不作正面之對抗，以免元力之虛耗，待敵撲空，化實為虛時，我即乘虛而入。「中實者敵虛我實，未即進攻以致坐失良機」。「不放」之謂，似此不能確定虛實，其藝自難精湛。

【虛實自有虛實在，實實虛虛攻不空。】

細味「虛實在」「攻不空」之意義，兵法云：「虛則實之，實則虛之。」善用虛實二字則守能堅，攻能克，所謂「虛實自有虛實在，實實虛虛攻不空」是也。

【雙重行不通，單重便成功。】

單重，雙重即虛實之形容也。雙重則滯，故「行不通」者執滯也。單重則活，活則圓轉自如，則易於「成功」。雙重即如佛經所云：「有

相」單重即「無相」。無相則一切皆空，便是虛；有相則一切實在，即固體也。總之實可攻人，但澀滯不靈；虛易被擊，但圓活靈便。虛實之分，在毫釐千里之間，純在體會敏捷，使用得當，有非楮墨所能形容者。故習國術者，縱有聰穎之資質，多年之功夫，如無明人指導，虔心體會，殊不易豁然開朗，而能於千鈞一髮之時判斷孰實孰虛也。

上釋各義多為虛實之道，「行功」二字則未談及。行功者心領神會之後，再身體力行，勤加研練，朝於斯，夕於斯，行之有恆，積成工夫，所謂精神揣摩，肉體鍛鍊是也。

八　太極正宗十三勢總勁

太極拳法共有十三勢，蓋根據五行八卦之理而成者。五行又分內外，形於上者為進退顧盼定，發於內者為粘連黏隨不丟頂。八卦亦分內

外，形於外者為四正四隅，蘊於內者為掤擺擠採挒肘靠八法。推手亦然，形於外者為勢，蘊於內者為勁。用勁之時其根在足，發於腿，主於腰，而形於指，故盤架子所以練勁，推手所以懂勁也。

【粘】如兩物相交，粘之使起，在太極拳則謂之勁，而非直接粘起之謂，乃間接以生，含有勁意。比如推手或交手時，敵對者體質強大，氣力充實，馬步穩固，似難將其掀動，移其重心，惟有使其全神上注，體重足輕，因其自動而失重心，我則順勢撒手，而以不丟不頂之勁，引其懸空，是曰粘勁。

夫粘勁如粘球，一撫一提之間，運用純熟，則示不離手，粘之即起，語云：「粘即是走，走即是粘。」對方實力充足，據險以守，不畏攻勢，不畏力敵，惟有處以鎮靜，或尋瑕抵隙，出其不意，攻其無備；此而不果，則故顯破綻，誘之使進，使其棄守為攻，使其實力分散，而

後因銷帶擊，則未有不敗敵於不知不覺之間者。所謂之誘而殺之，使其自取敗亡；所謂攻其所必守，守其所必攻之道。

【連】連貫之謂，手法毋中斷，毋脫離，接續連貫，無停無止，無休無息，是謂連勁。

【黏】黏貼之謂，彼進我退，彼浮我隨，彼沉我鬆，丟之不開，拔之不脫，如粘如貼，不丟不頂，是謂之黏勁。

【隨】隨者從也，緩急相隨，進退相依，不先不後，捨己從人，量敵而進，是謂隨勁。

【不丟頂】不脫離，不抵抗，不搶先，不落後，是謂不丟頂勁。

內功八法歌訣

掤勁作何解，如水負行舟，先實丹田氣，次緊頂頭懸。

全體彈簧力，開合一定間，任有千斤力，飄浮亦不難。

按：此處以水力雖微，而竟能因物自中空，乃負其重之意義，以喻掤勁。於此可知其義，即搖動敵人之重心，使敵勢空虛，而後出我之銷閃法，以化敵之謂。

攦勁作何解，引導使之前，順其來勢力，輕便不丟頂。

力盡自然空，丟擊任自然，重心自維持，莫被他人乘。

此說明借敵人攻我之力，引之使前，俾拋離其重心之謂。故遇敵切忌硬對硬，務以柔制剛，順其來勢，拖之前傾，但自己之重心須絕對保持，勿為人所乘。

擠勁作何解，有時用兩方，直接單純意，迎合一動中。

間接反應力，如球撞壁還，又如錢投鼓，躍然聲鏗鏘。

此擠字之用義，如球撞壁，以錢投鼓，已曲形其義，蓋即借人之勁，以擊其人，亦即乘機陷敵之意也。

按勁作何解，運用似水行，柔中寓剛強，急流勢難當。
遇高則澎滿，逢窪向下潛，波浪有起伏，有孔無不入。

此又叫水為譬，意謂水性雖柔，然疾流沖下，為勢難當。故遇敵時，手法宜急轉直下神出鬼沒，必陷敵於無備，所謂按即交手時必以手按於敵手，而乘隙急取是也。

採勁作何解，如權之引衡，任你力巨細，權後知輕重。
轉移只四兩，千斤亦可秤，若問理何在，槓桿之作用。

此則以秤為譬，意謂交手時先探對方之力量，然後以四兩撥千斤之法以禦之，秤錘雖小，然引之平衡，則千斤可平，能知此理，則所謂四兩撥千斤殊非奇事也。

挒勁作何解，旋轉若飛輪，投物於其上，脫然擲尋丈。

君不見漩渦，捲浪若螺紋，落棄墜其上，倏爾便沉淪。

此先以飛輪能擲物於尋丈之外為譬，指動作如敏捷，則借來物之主力而擲出之，實至易易，來勢愈猛，則擲出愈遠。繼又以漩渦為譬，因其旋轉而發出帶引之力至巨，故雖至輕如落棄，遇之亦無不沉。由是可知太極拳之動作，必取圜形者蓋以此。

肘勁作何解，方法有五行，陰陽分上下，虛實須辨明。
連環勢莫當，開花捶更凶，六勁融通後，運用始無窮。

此乃說明能融六勁，則運用無窮，明虛實，察陰陽，連環使，引敵深入，而後乘消解之，運肘攻入，無有不見克者。

靠勁作何解，其法分肩背，斜飛勢用肩，肩中還有背。
一旦得機乘，轟然如倒塌，仔細維重心，失中便無功。

此法乃深入敵境，逼進敵身，以肩背制敵，作斜飛勢、野馬分鬃，均為靠勁之架勢，非功深技熟者不能致勝，將反為人制。又靠為肘所克，肘又為如封似閉所化，此乃輾轉循環，運用克敵之法，非執一之謂也。

靠勁運用肩背，乘機而發，勢如山崩地塌，其勢莫當。雖然，必須保持中心，不失重心，則敵為我制矣。

九　力與勁

太極拳之動作，用意不用力。意者意思也，乃由於大腦之作用，縱然用力亦非一般人固有之體力，而係由鍛鍊所產生之靈活力。此種靈活運用之力，國術家稱之曰勁，故勁實國術家應有之本能。

分析之則勁之成分仍不能離力，但人之思想極端複雜，而國術之動作亦極複雜，故勁與本能之力有密切關係，而與非國術家及任何動物所發揮運動之力截然不同。

力人皆有之。勁則惟我中國國術家方有之。蓋外國拳術家所練者為動力，亦即活力。乃重量及速度之和。中國國術家所練之勁，則除重量速度之外，猶須將其面積縮至極小，並具意識之滲透可不任何方式所限制。

練力易練勁則難，因練力較為具體，易得標準對象，只須有適當方法（商務出版趙竹光譯烈戴氏著《練力方法》，如藉某種物質，練習提或舉之動作，久之力自漸增。勁則難藉特質鍛鍊，此須利用人體各部關節之抵抗力與爭衡力，再加意識而鍛鍊。練力可以文字指導，可以函授；練勁則非有名家之活動指導不為功。文字只能解釋其要義，而不能對勁加以形容，此乃中國國術精妙之處。任何事物皆有定理，虔心研討，自能豁然貫通。如其適合人生需要，亦應使其科學化。或以為勁有神秘性，實為皮相之談，惟願以簡單文字將其解釋明白，形容得體，自非易易。但如能虔心研練，則勁之闡明，亦非難事。

當吾人教學時，常以手按學者用力部份，囑其無用力，但學者關節之抗力（抵力）則不斷發生。抗力者蓋在一進步階段首先發現。換言之每於動作增加困難時乃自然暴露，實為習練國術之障礙，幸其僅短時期內存在，如能繼續鍛鍊，則終被克服，拙力退盡後，則變為柔順，柔順能使血液暢行，提高體內新陳代謝之機能，使感覺靈敏。須知神經作用之加強，與肢體關節之靈活運用，乃互為因果，意識支配運動，力由起點至終點，經過各關節時，自能暢通無阻，倏然而來，倏然而去，運用隨心，效力偉大，是之謂勁。

沉長快

在中國國術中具有沉長快三種必備之條件。設國術家忽此三點，或練習之方法不當或練習之法雖當，而不能混合應用，皆難臨機致勝。

【沉】沉乃由活動關節鍛鍊而生者。如有人垂手站立，我以手托其臂，為覺其臂沉重，但其重非其全臂之重，因其意識在不知不覺中已牽動其臂，而成減輕其一部重量矣。一如以手托酣睡者之臂，必覺其臂較前者尤重，即係無意識之牽動其臂，而臂關節自然鬆活之故。如再以手托以關節鬆動之國術家之臂，亦必覺其與睡者有同等沉重。

在習太極拳推手時，可察覺對方功夫大者其臂較工夫小者沉重，即其肢體關節較功夫小者靈活，其身體不至牽制其臂，臂不牽肘，肘不牽手，於是出擊之拳，為全身之動力迅速集中，自然沉重矣。

烈戴氏著《練力方法》中曾述：「百年前英倫有一百四十磅之拳術家，發出之拳，其重舉世無匹，但因體重過輕，終難敵重量級拳術家。但如彼此立於凳端，而足不動以對擊，則世界任何拳術家。彼皆能敵矣。因如此對擊，乃靠實力與擊力，體重於此無關。」綜觀上述，可想

像此英倫拳術家，其出拳甚重，乃其臂關節較一般拳術家靈活之故，惜其忽略全體關節之鍛鍊，否則全部配合使用，則重量級之拳術家，亦必非其敵矣。

【長】長亦由活動關節中練習而生者。練習之法，乃根據生理之要求，組成一有系統而簡單之姿勢，然後按此姿勢不斷練習，習時須時刻注意鬆肌肉，鬆關節，以操練韌帶，能鬆即能長，能長即能折疊，能折疊即能柔順，能柔順即能沉重。即對方身長力大，只須我折疊柔順之程度高超，則能牽制並化其擊力，藉其擊力以擊其人。此點外國拳術家無中國國術運用之巧妙，即係無妥善之姿勢以供學者練習折疊、柔順等基本動作。

中國國術之極妙處，為能借力擊人，不受身體重量與力量大小之限制，而在外國拳術則否。故烈戴氏云：「未有輕量級拳術家，可以擊敗技術精到重量級拳術家者，因人之體重與其拳上所發之力甚有關係。設爵單士與李安納對擊，每人在同距離擊一拳，則爵單士之體較重，自能便宜多了。」

【快】快亦由關節靈活中練出。關於快之練習，世人皆以應從快動作中練習，此係外國拳術以及一部分中國國術之練法。但太極拳中之快，乃由慢動作中積漸而來，使其蘊藏於慢動作中，故快乃蘊藏非表現也。

蘊快之術在動作時，關節中須蘊含抵抗與爭衡力，沉長之成分亦不能少。練時外形惟慢，在習者意識上則甚忙迫，蓋須注意姿勢內之要求，與外形之標準。

內容充實後，外形始能表現出勁。勁有姿態美，此種姿態與江湖拳之形式美迥異，設非國術有深造者，不易辨別。

練習慢中需快之法，要在蓄力，因蓄力即快之準備。譬諸射箭，弓

開愈滿，箭發愈快而用力開弓即蓄力也。無蓄力之快，乃普通拳術家皆能之快；有蓄力之快，始為難測之快，此等快法每一出手踢腿，皆難分辨，以此對敵，自易致勝。

胖人習拳必先使其脂肪成分減少，始能練到快，否則難達目的。減去脂肪之法，只有每日勤習不輟，則肌肉纖維自能發展，脂肪自漸減縮矣。烈戴氏云：「大體度者，未必有力，縱然體高五尺十寸，體重二百七十五磅，抑或力氣毫無亦未可定。蓋其體重大部皆係脂肪，故無具有健康肌肉者力大，且以脂肪多反阻礙其動作，故更無速度可言。雖在有限方面，亦能出些許之力，但多數胖人則無力氣。」烈戴氏又云：「運動家欲有活力，定須有速度技巧，平衡於量與實力之方面。」

如此觀之，西洋運動家亦將識勁之意義矣。勁雖似難練，但如有正確之方法，精確之指導，亦非難事。如習之不得其法，必至徒勞無功。

夫力者為人所固有，加以體重遂成人身之力量，但力亦可訓練，如舉重、提重、或拉彈簧器，均可增體力，惟此為藉鍛鍊而生單純局部之力，非蘊藏體內之力，即物理學所謂單力，俗稱氣力，國術家則稱為拙氣拙力，而非合力也。

勁之來源，與練力之法相反。力可藉器械練出，勁則不能利用器械，乃依生理學物理學與心理學訓練而生，將人體蘊藏無限之力，集中鍛鍊而生者。

㈠順生理自然之構造，將全身骨骼關節各部重心集中一點，再加意識之主宰操縱，然後由中心發出，是之謂勁。

㈡將人體全部機構極端舒長，然後又將各部關節極端縮短（即折疊），在縮短舒長之間，運用疾徐有致，順其勢（即沉快合作），不用絲毫拙力，再憑意識之主宰（即用意不用力），與四肢百骸合作。凡一

動作，須有下列四種動態配合運用。

甲、弧線，乙、曲線，丙、浪紋，丁、螺旋。

上列四種動態，配合全身各部關節，舒長折疊，練習純熟後，身體自然柔順，則發動之力乃靈活而具彈性之力。此種彈力即由沉長快三字練出之勁。

㈢譬諸彈簧機器，機器本係靜物，不能發生彈性作用，因於機構中裝有活動之彈簧，於是機器亦有彈力。彈簧本係其線形之鋼條，須經琢磨鍛鍊盤成螺旋，其中必含無數甲乙丙丁之形態，乃成有規則之彈簧，方能發生彈性作用，亦即多量甲乙丙丁聯合行動之力量。若非經此過程，仍為一直線形鋼條，則其附著之機器，亦必失去彈性。如果機器機構組織健全，加以人意之操縱，自能運用如意矣。此機器內之彈簧，即猶人體內蘊藏之勁。

十　中心與重心

重心對於練拳之關係至重。然重心之運用，又須中心為之主宰，否則重心無所寄託，反將被人利用。

太極拳擊人，外形雖似以拳之力，實則由於中心所發之勁。設非由中心所發，則係局部之力，其力易於渙散，有為人各個擊破之虞。國術練至上乘功夫，有如衡之引權，能以中心運用重心，則所發之拳沉而有勁，以此摧敵，何敵不克；身軀穩如泰山，以此自衛，重心有主，何隙可乘。

人之中心在脊柱腰胯之中，四肢為重心所寄，發出之勁，由腰腹而出，達於週身。拳經所謂「氣貫丹田」，丹田即在腰腹之中。初步習拳有拳法手法之分，出手即為重心之運用，站樁即為練習重心，俗所謂襠

勁者，即重心也。

站馬樁須脊豎、腰塌、頭懸、鼻尖、膝蓋及足尖須成垂直線，穩住中心，即所以保持重心也。

太極拳之勁所以由丹田而發，係因丹田位居中央，四肢百體散漫之力必先集中於此，而後發出則為勁而非力。比如意欲發右拳擊敵，必先將左足跟及左膝左胯之力集中於丹田，然後由右腰胯達於肩臂肘手，迨後左臂與右腿佐以爭衡之力，則右拳自沉而有勁矣。如以右拳比諸箭之簇，則左臂與右腿便如弓胎弓弦，弓開飽滿發出之矢，未有不速。而有勁者若中心偏倚，不但妨礙動作，且拳出無勁，反受牽制，何異受敵以柄，自陷敗境。

中心之於練拳其要點有三。

㈠中心穩定則氣血易於暢通。㈡中心不偏則姿勢正確發揮之力大。

㈢中心端正易於制人而不被人制。

十一　六合三摧說

國術中有術語曰六合。所謂六合，即心與意合，意與氣合，氣與力合，是謂內三合；手與足合，肩與胯合，肘與膝合，是謂外三合，內外相合故曰六合，乃國術中上乘功夫之抽象名詞。

內三合以心為主宰，意為判斷策劃之參謀，氣為活動人身各部之使者。凡人心思一動，意識隨動，氣受反應而奔走，氣之所至即力之所在，所謂心意氣與力合是也。

思想動意識不動，則無以明是非，意識動而無氣力推行，亦為幻想，必也心意氣三者聯繫一體，方能發生作用。

內心既有所驅策，必執行於外，則外三合尚矣，譬諸作戰，手足為衝鋒陷陣之先鋒，肘膝為督糧運械之後方勤務部，肩胯則如臨陣之指揮官，三者缺一，每戰必敗，三者合一，成功可待。

六合之外又有三摧之說，即肩摧肘，肘摧手是也。亦即肩擠肘，肘擠手，節節相擠，推動整個合作力量。足膝胯之摧擠與肩肘手相同，惟以足跟為起點，而膝而胯，各部骨骼與筋肉聯成一氣，一旦著的，立即發揮其功用。倘有一處脫節則全盤失效，手足膝胯肩肘與韌帶活動之力相互緊湊，集中一點發出之力，即國術家之活力。

思想主於內，動作形於外，內外相合，得心應手，是謂六合。思想意識與手足之行動已如上述，茲再申敘氣與力。氣也者順生理之自然，循血運之暢行，順則氣舒，滯則氣阻，逆則氣閉。氣舒則各部精神充實而活潑，猶之皮球，未打氣之前癱扁癟陷，既打氣之後激之則飛躍，此乃由氣之充實而發生彈力。語云：「頤指氣使」實氣與力合絕妙之形容詞也。又如水性下流，若加以壓力必反上激，氣之壓力愈大則激射之力亦愈高，此氣與力合又一證也。

總之六合者，即思想與行動合一，表裏一致之功夫，亦即王陽明先生「知行合一」之功夫，此乃中國國術最高之哲理也。

十二　太極拳與生理衛生

其人身之構造至為複雜，如各部發育有失平衡，則健康必受其影響。欲補此弊，惟有從事適宜之運動，使身體各部獲得平均發展，即體育是也。中國國術即體育中完美之運動者也。

中國國術由一般抽象之觀察，似乎僅為好勇鬥狠技擊。此特皮相之談，而未明國術本質之泛論。實則國術不但助長身體各部之平均發展，且有攝生養性之功能。茲就呼吸、循環、消化、排泄、神經各機構，以太極拳之動作比證，以明其功效。

一、呼吸：人之呼吸每分鐘皆有定數，每運動劇烈時，呼吸必促，而自然定律為其破壞，心房之伸縮亦受影響矣。太極拳為溫和持久之運動法，疾徐開闔，與夫吐納，均與人體自然韻律相配合，無乍弛乍張之弊。吸必沉之丹田，呼必發於丹田，與深呼吸運動之旨趣相合。太極拳之「掤」即吸，「擠」即呼，「攦」即吞，「按」即吐，故攬雀尾一式，即包括轉側俯仰開闔吞吐等動作。

二、循環：血液循環，平時尤有定律，其血管構造之堅韌性，洽可供其運用。如循環之速率驟加，則血管必受其刺激，而有破裂之虞。故運動過劇有時吐血，思想太多有時致腦充血，即為驟失循環之速度使然。太極拳之動作和緩、冗長，在此運動過程中，血液有均勻之流動，血管作秩序的弛張，習之既久，青年人之循環器固富抵抗力，老年人之

血管亦可由脆弱變為堅韌，則腦充血、中風等症自可免除。試觀一趟拳練過不氣促不面紅即其明證。

三、消化：腸胃為人身資源之轉運機構，關係健康甚鉅，世有患腸胃病者，並因食物無節制所致。欲免此病，除節制飲食外，惟有以適宜之運動，助腸胃之消化，斯太極拳之推手之動作，轉側、俯仰、抑揚、頓挫，兼而有之，特著重於腹腰運動，有助於腸胃之消化無疑。

四、排泄：排泄與消化有密切之連帶關係，消化之機能強，排泄之機能滯，即便秘也，則消化亦將因銷路不暢而告怠工矣。至於皮膚之汗腺，亦排泄器之一也。故汗腺通暢則精神爽，汗腺滯閉則病痛生。欲保持汗腺之健康，必注意清潔及有適宜之運動。蓋血液因運動而增速，而蒸發，皮膚中之汗腺即將一部水分及廢物排出，而週身爽快矣。

五、神經：神經為人體之司命，哨佈全體，主持思想動作。世有患神經衰弱或肢體不仁者，蓋以腦神經運用過度，及運動神經缺乏活動所致；求諸藥石，甚難奏效，惟有適宜之運動，方易恢復固有之精神。太極拳對於思想與動作神經之活動恰兼而有之，因其每一動作，均極繁複，四肢百骸之聯繫，亦即全部神經系之活動也。

人之生理純由自然之勢，不可勉強，偶有障礙，亦應以自然之法糾正之，否則其害必甚於本身之害。如方士服丹以求長生，反以戕生，即其例也。太極拳之動作，皆合乎自然，絕不勉強，故對於生理衛生之功效至大。

十三　太極拳有卻病延年之功及變化氣質之妙

太極拳法，出手均取圜形，與太極圖近似，世人以其得名蓋在乎是，雖然此特言其開似耳，不知此種拳法，由動向靜，以虛化實，蘊於內者不形於外，而實內外相合，總之無極之二氣未分，渾然一物，故太極拳者由無極而生，此其實在之真義，非僅形似而已也。

太極拳以靜為主，以柔制剛，與外家拳純其剛性者不同，所謂虛並非虛無縹緲，乃故作空虛，使內蘊不形於外。蓋虛則靈而神足，神氣充沛，舉動自敏捷靈活矣。又虛空而外，更須以靜，故練架子出手愈慢愈佳，氣沉丹田，呼吸深長，當其動也，須完整一氣，毫不散亂，用意不用力，動之所向意即隨之，心意俱靜，內勁自生。

太極拳之動作，概本先天形狀，純以自然出之，故所取姿勢為頭懸，項豎，含胸，拔背，沉肩，墜肘，尾閭中正，使身體各部不悖於先天，而無絲毫矯揉造作，此外則盡出以柔，務使氣血暢行，筋絡舒張，練成內勁柔而且順。內勁既得，則靜可以卻病延年，遇侮則能自衛衛國，以柔制剛矣。

太極拳既順自然之序，作極柔之動作，呼吸深長，血脈通暢，臟腑舒展，筋骨堅韌，故凡神經衰弱、消化不良、貧血充血以及臟腑、骨骼筋絡違和等症，均可從事練習，往往有藥石無靈之痼疾，而獲治於太極拳者。惟心臟病劇及肺病甚深者，不可操之過急，須循序漸進始有功效，故謂太極拳為輔助醫藥之療病法，亦未為不可。

太極拳之力主虛，動作主靜。虛則心氣平，靜則神氣清，習之既久，氣質自變，復因順生理之程序，做自然之動作，使全身無畸形發展，由是態度雍容，氣魄沉雄，性情和藹，而無驕矜之氣矣。

十四　如何發展人之潛能

上古時代，人類穴居野處，與鳥獸互競生存，於是自衛與獵取為生活必備之條件。惟當時人類知識簡陋，其自衛獵取之技能不外奔躍、投擲、搏鬥而已。厥後人類逐漸進化，思想由簡而繁，潛能漸次發展。但思想愈進步，機械愈增加，則人體運用之機會少，而日趨退化矣。

潛能者天才也，非學而知之之謂也，有如蘊藏於地下之實藏，經風雨之剝蝕，地殼之震動，自然流露，經人發現，加以發掘提煉，遂成有用之物。人之天才亦須鍛鍊其神經，運用其腦力，潛能一動，始有非常之智慧，發明奇異之事物。

人體之組織極其複雜，大之如肢體，小之如髮膚，概以天演公例用之則進化，不用則退化，故此繁複之機構，亦各具有潛能，如加以適宜之鍛鍊，即有無限之進展。譬諸千戶自動電話機，平日可同時接話，如電機線路少有故障，則必有一部不能通話，必須整飭機械，調整線路，方能再通。人之神經系即電話線路，大腦其總機，全身各部千百用戶也，配合完整自無扞格之弊，整飭之調理之，非藉動作練習不為功。

動之練習可分二種，一為單純之練習，一為複式之練習，即單純之運動與合力之運動是也。合力運動為鍛鍊神經之最善法則。蓋神經最敏，如得適宜之鍛鍊，思想自能發達而敏捷。合力運動法以太極拳為適宜，因太極拳之動作，適合生理組織，並運用心理之潛意識，配合活動也。

（甲）生理方面，因其動作均取圜形，對於縱、橫、平、側、上、下、左、右、前、後皆有，適當之活動，神經系可得和緩之活動，靈機自敏。

（乙）物理方面，太極拳之動態，既以圜形為主，又含有弧形、曲線、波浪、螺旋四種形態，故能發揮合力之效，助長神經之聯繫，兼收動之效率。如螺旋而增大推進之速度；波浪弧形能減輕來勢之衝激，撳動巨大之動力；曲線能增大支撐力，再配合內在之意識，外形之動作，集中一致，自然發揮潛能之功效。

（丙）心理方面，正常之心理，有意識，有理性。反常之心理，則失其意識之控制，而失主宰。故神經病者，文弱之人可變而為力大無窮之蠢漢；粗野者可變而為溫文儒雅之態，喜怒哀樂，不能自主，蓋皆失主意識之作用，興奮其潛意識所致。如善為誘導其潛意識，使神經作用入於主意識，則反常之態除，而潛能之正常發展可期矣。

發展人之潛能，必須鍛鍊全部神經系，神經健全則思想縝密，自能才智堪深。語云：「健全之精神，寓於健全身體中。」故期發展潛能必須有鍛鍊神經系之適當運動法。太極拳之姿勢，一動全身皆動，為鍛鍊神經系最良運動法。

太極拳係著重於身體內部之運動，故不但能訓練人有自衛能力、衛國情緒，而且可使弱者變強，強者格外強。

志青先生正之

馬維忠敬題　三十二年八月六日

十五　推手與步法各項姿勢圖

定式單推手雙人手法姿勢圖

第一圖

第二圖

第三圖

第一圖　右者為蛟龍探爪，左者為鍾期聽琴。

第二圖　老龍舒筋（上式）。

第三圖　老龍舒筋（下式）。

上項1、2、3三圖，為單手練習方法，動作說明詳銓真第336頁至第340頁。

定式雙推手法姿勢圖

說明：書中稱左者為乙方，右者為甲方。

第四圖

第五圖

第六圖

第四圖　右者取攻勢為掤，左者取守勢為按。此為預備式。

第五圖　右者反守為攻，左者以攻為守，此謂之掤按互換法。

第六圖　右者以攻為守謂之擠，左者以守為攻謂之攦。

第七圖　右者使擠手，左者用採法，此謂之以虛化實。

第八圖　右者以實擊虛，左者用挒法以虛化實。

第九圖　右者乘勢以靠法攻之，左者順勢以承之。

第七圖

第八圖

第九圖

第十圖

第十一圖

第十圖　左者順勢擊之以肘，此為以實擊虛法也。

第十一圖　右者承上勢，用如封似閉，化去左者之肘。

【說明】以上八圖為掤攦擠按採挒肘靠八法連環姿勢圖。四、為預姿勢。五、右為按，左為掤。六、右為擠，左為攦。七、右為擠，左為採。八、右為擠，左為挒。九、右為靠，左為擠。十、左為肘，右為按。十一、左為掤，右為如封似閉。

圖之說明詳銓真第340頁至第351頁。

順步推手法姿勢圖

第十二圖

第十三圖

拗步推手步法姿勢

第十四圖

第十二圖　步法右者後退，左者前進。手法左者掤，右者按。

第十三圖　步法右者進，左者退。手法右者按，左者掤。

動作說明詳詮真第351頁至第353頁。

第十五圖

第十六圖

第十七圖

動作說明詳詮真第354至第366頁。

十六　定式單手練習推手法

太極拳單練者，謂之練架式。對練者，謂之推手。前者為手眼身步法鍛鍊筋骨為致用之體；後者為經歷應用之法，由簡而繁，分為五步：⑴為定式單手練習對推法；⑵為定式雙手練習推手法；⑶為順步進退對推練習法；⑷為拗步行動對推練習法；⑸為行動變化對推練習法。茲對各法分別例舉，以便初學有所問津。

單手練習推法準備姿勢：

1.假定二人，右曰甲，左曰乙，以下稱甲乙，均為二人之代名詞。

2.甲西向立，乙東向立，二人相距兩步。

3.甲乙二人各出左腳，向前邁一步，左膝屈成九十度，右腳伸直成四十五度，各成左弓右箭步。

4.甲乙二人，頭要懸，身要豎，腰要塌，為不偏不倚之自然姿勢。

5.甲乙二人，眼注視對方，目光平射。

6.甲乙二人，各伸右手以掌緣平對向，兩腕相接成交叉形。

開始單手推法：

此法初步練習，分練腕、練肘、練臂、進於肩、胯、腿、膝、足之法。

第一法：甲方鍾期聽琴，乙方蛟龍探爪

甲方右手前伸，手腕已被乙方右手粘住，觸覺感勢猛勇，有襲右肩之勢，轉臂以手外撇，粘住乙方手背，不使逼近我身，急用肘牽引乙方之手於右側外圍，則來勢化去矣。同時含胸，斂腹轉胯，身體轉成九十度，左腿由曲而伸，成四十五度，右腳由伸而屈膝彎成九十度成左虛式，眼注視對方之手，成鍾期聽琴勢。乙方伸右臂為左拗步，成蛟龍探

爪勢。

第二法：甲方蛟龍探爪，乙方鍾期聽琴

甲方既化去乙方來勢，復乘機趁勢粘住乙方之手，向對方肩前撐去，目的為傾跌敵方，眼隨掌轉；右腿由曲而伸，左腿由虛而實，成左拗步，為蛟龍探爪勢。乙方右手觸覺感受甲方右掌有反功意，急將右腕翻轉，以手前外撇，粘住甲方手腕，以肘臂牽引甲方之手於右側外圍，則來勢又為化解矣。同時含胸斂腹，轉胯，身軀轉成九十度，左腿由屈而伸，成四十五度，右腿由伸而屈，成九十度，成左虛式，眼注視對方之手，成鍾期聽琴勢（上二法見推手姿勢圖第一圖）。

【附註】依上第一第二兩法，甲乙二方，互相往返推行，謂之單手右推法。如此循環不已，或以時計或以數計，右手若干時間，或若干數次，再換左手，法與右手同。

再換步法，甲方右腳前邁一步，乙方左腳同時後退一步，而手仍不變換，亦如上項左手若干，右手若干，使左右手或左右足，得平均運動為原則。

第三法：甲、乙、老龍舒筋（上）

甲乙兩方，步法一如上例，只推手法略變，兩手由上斜垂轉向上斜前舉，仍成交叉形，掌心向外，兩臂仍相粘，肩背肘仍由外而內運轉，目標意在對方肩部（如第二圖），為練習肩臂肘之聯繫，使關節活動，協助同運動之法，步與手法變換，如第一法。

第四法：甲、乙老龍舒筋（下）

甲乙兩方，如第三法，右手由上往外翻轉，手掌朝外，兩臂相粘，鬆肩垂背，鬆腰轉胯，步法各成左拗步或右拗步，左右這變換步位及進退一如上法（如第三圖）。

【附註】其餘類推，上舉四法，為初學推手入門之法也。

十七 定式雙手練習推手法

雙手推法準備姿勢：

1.甲乙二人對立，如出左腳在前，左屈右伸，成左弓右箭式，二人距離各以左腳同時在一線上為準。

2.假定甲方先以右手平環於身前，手心朝內（即掤手），乙方急於左掌扶按甲方之右肘，手指朝上，右手扶按甲方之右腕，兩手臂撐開如圓形。甲方急將左掌扶按乙方之右肘，指尖朝上，兩臂亦撐開如圓形（如第四圖）。

第五法：掤按對推法

由上項準備姿勢：

1.乙方兩掌往前下按甲方右臂。

2.甲方含胸斂腹，右腿由伸而屈，左腳由屈而伸，成左虛式。同時右掌撇開乙方右肘急回至右臂肘，兩臂平行以手背承托乙方之之右按掌，同時右臂肘脫離乙方之按手，右掌急往乙方左側扶按乙方之左肘，撐開如圓形（如第五圖）。

3.乙方右掌撇開甲方左腕，急以右掌扶按甲方左肘，指尖朝上；同時右掌既被甲方左手背抵住，急轉掌扶甲方之左腕，仍成兩臂撐開，如圓形。

4.甲方兩掌往前下按乙方右臂。同時左腳由伸而屈，右腳由屈而伸成左弓箭步。

5.乙方含胸斂腹，左腿由屈而伸，右腿由伸而屈成右虛式。同時撤開甲方左肘，急回至左臂肘內線，兩臂平行，以手背承托乙方之右按掌；同時右臂肘脫離甲方之按手，左掌急往甲方之右肘，兩臂仍撐開如圓形（與第五圖相反）。

上例1.、2.、3.、4.、5.五動為推動半個圓周，甲方由左下往右上環繞推動，乙方由右下往左上環繞推動。

6.乙方兩掌往前下按，同時左腿由伸而屈，右腿而屈而伸，成左弓式。

7.甲方即第2.動之動作。

8.乙方即第3.動之動作。

9.10.兩動與4.、5.兩動之動作同，以下兩方為週而復始之循環下推若干時間，或若干數量。此為初步推手之掤按法。

第六法：擺擠對推法

承第五法，乙方之掤手，甲方之按手，此法係將左右手互換掤擠推動。

1.甲方將右掌翻轉，手心朝上，以手背將乙方之右手腕向本身右側牽引，即「攌法」同時使用「擠法」，逼迫乙方之右肘；同時步法亦由左弓式變成右虛式，身胸內斂，目注意對方。

2.乙方兩臂觸覺，感受威脅將手鬆開，順勢前伸撒開左手，回至右臂內圍，兩臂平行，將手背承擔甲方之左「擠」掌，於是右臂之威脅已化，急將右掌扶按甲方之左肘；步法同時由左虛式變成左弓式。

3.甲方覺乙方以「掤」法化去「擠」法，左肘腹受乙方「擠」法威脅，急將右腕翻轉，以掌扶住乙方左肘，四臂互相攌擠。如第七圖。

4.甲乙兩方換手法，以「攌擠」二法更變手法，仍成掤按原來姿勢，於是依第五法，週而復始，循環下推至若干數量為止。

【附註】換手法即攻擊與防禦互用法，甲攻乙禦，攻中有禦，禦中亦有攻，非攻非禦即虛實變化之法。左手如換右手亦如此換。甲方如此換，乙方亦如此換，舉一反三，以下仿此類推。

第七法：採挒推手法

假定：甲方兩掌按住乙方右臂，乙方左掌按住甲方左肘，各撐開如圓形。

1. 甲方右掌按住（指尖朝上）乙方右腕，左掌按住（指尖朝上掌心朝下）。乙方右肘，右掌急翻轉迅速擒住乙方之右腕即「採」法，往右側後捽即「挒法」，身閃轉右，含胸斂腹，步法由左弓式變成左虛式，目注視對方三前。如第八圖。

2. 乙方觸覺感受甲方使用「採挒」之法，將有被其捽倒之勢，急將右臂鬆肩墜肘急化去甲方之捽勁，左掌撤開甲方右肘，迅至右臂內圍使用「掤」法，以手背承托甲方之左掌，同時右掌急向甲方左肘扶按，則將來勢自然化去，身步二法不變。

3.甲方使用「採挒」之法為乙方化去，復為乙方以右手之「掤」左手之「按」肘反攻，以左掌翻腕（掌心朝下）按乙方之左腕，右掌同時急扶按乙方之左肘，身步二法與第一動同（以下甲乙二人互換手法練習）。

第八法：肘靠換手法

準備姿勢與第1同。

1.甲方由上準備姿勢，兩臂將乙方之右臂向右往下按，右臂垂直於右脇旁，左掌（掌心朝下）護於右肩前。同時左腳原地活步，右腳前進一步，踏入乙方之中宮（即內襠）右膝彎左腳直，成右弓式。急以右肩靠近乙方胸脯，協同腰胯腿足之勁靠敵，謂之「靠」法，即野馬分鬃之右式。如第九圖。

2.乙方觸覺感受身軀被脅，急向左閃身撤步，化去來勢，迅將右臂肘由下撤回轉臂或握拳，以肘橫封乙方面門，即「肘」法，右掌護於右肩前（掌心朝下）。同時左腳向左後撤步成右虛式。

3.甲方進步「靠」已被乙方右臂肘封住面門，急閃身右轉，右掌由下繞上，使用「雲手」「採」住乙方右腕向右後「挒」，左手由左上下按，垂直於左脇旁，以肩再靠近乙方之胸脯，右掌（掌心朝下）護於左肩前，協同腰胯運用，肩前向乙方進逼，謂之「靠」即野馬分鬃之左式。同時右腳原地活步，左腳向乙方內襠邁進一步，成右弓式。

4.乙方右腕觸覺感受甲方威脅進逼之意，急向右閃身撤步，化去來勢，迅將左臂肘由身前轉臂握拳（手心朝上），以肘橫封甲方之面門。同時右腳由前後撤銷步，成左虛式。如第十圖。

5.甲方再換左手抽身，右手變按，閃身向左旋轉避開乙方之左臂肘，急以左掌由下繞上，按住乙方左腕，右掌同時按扶乙方左肘，同時步法由左弓式變成左虛式。如第十一圖。

6. 乙方換手法，由封門肘變掤左腕觸覺，感受甲方威脅急轉臂，（手心朝內），彎成掤手，即左臂環前平屈於身前，右掌急由左肩前扶按甲方左肘，步位仍左虛式。

【附註】以上為甲攻乙守，演至左右均衡之避後，即可改換乙攻甲守，動作與方法依據甲方和乙方第1.、2.、3.、4.、5.五回動作，循環運用便可。

第九法：採挒肘靠進退連用法

準備姿勢，甲方以左掤右按，乙方則雙按手。

1. 甲方左掌翻腕（手心朝下），右掌同時翻腕（手心朝上），兩掌即握乙方之左臂即「採」法往左側後捺，即「挒」法閃身向左後退一大步，左膝屈，右腳伸，成右虛式。

2.乙方左臂觸覺感受甲方有被擒摔出之意，趁勢左腳原地活步，右腳急向甲方內襠踏進一步，成左弓式，同時側身以右肩逼近甲方胸膊，即「靠」法，右臂竿於右脇旁，左手護於右肩前，頭左轉。

3.甲方感受乙方逼迫，急以右手握拳（掌心朝上）以臂肘由右繞轉，用肘封乙方面門即肘法，右手護於右肩前。同時右膝彎左腳伸，成右弓式。

4.乙方面門感受甲方封住，急閃身往右，使右手撥開甲方之右臂反擒之，左手即擒甲方之右肘。同時右腳往右後退一大步。兩手採往甲方之右臂向右側後摔，即用「挒」法，右腳屈左腳伸，成左虛式。

5.甲方右臂感受乙方「採挒」之法，急將右腳原地活步，左腳急進一步，踏入乙方內襠，以肩「靠」近甲方胸脯，左臂垂於左脇旁，右手護於左肩前，左膝屈右腳伸，成左弓式。

6.乙方「採挒」之法既為甲方「靠」法所破，左手急轉臂或握拳（掌心向上），以臂肘由左橫封甲方面門，右手護於右肩前。步法由左虛式變成左弓式。

【附註】換手法說明；雲手法說明：雲手解封肘如封似閉封採挒，甲方以雲手封住乙方之肘，乙方以如封似閉解去甲方之封，則甲乙兩方左右手與左右步均因之而變換。

7.甲方感受乙方之肘壓迫，急將右掌向上以掌腕撥開乙方左臂，即「雲手」封閉乙方之肘，即以雲手封閉敵肘之謂也。

乙方左臂觸覺感受甲方威脅，急以右手由肩前經左肘下伸將出來（手心朝上）左掌變拳（手心朝上）同時翻腕以掌按扶甲方之左臂，即「如封似閉」使採挒是也。

8.乙方由上項換手法以「如封似閉」解去甲方之「雲手」，扶按甲方之臂肘，急將甲方左腕肘緊握不放，即「採」法。同時左腳向左後退一大步，急將甲方之臂往左後捽，即「挒」法左膝彎，右腳直，成右虛式。

9.甲方由上項換手法以「雲手」撥開，急被乙方以「如封似閉」解去，左腳原地活步，右腳急向乙方內襠踏進，以肩逼近乙方胸脯，運用腰膝勁以肩背進逼，謂之「靠」，右臂垂於右脇旁，左手護於右肩前。右腳彎左腳伸，成右弓式，頭左轉。

10.乙方「採挒」之法被甲方以「靠」法所解而被逼，急閃身以右肘由右側橫截以封其面門。步法仍成右虛式。

11.甲方使用「採挒」法。

12.乙方以「靠」法解去甲方「採挒」法。

13.甲方使「肘」法解去乙方之「靠」法。

以上項之動作與8、9、10三種同，惟甲乙兩方互換耳。

【附註】第九法如用「挒」法，退一大步，用「靠」法，進一大步或二三步不等，總以趕上「靠」步。如用右肩必須左腳在前，退步必須退至一百八十度，則挒法功效顯著矣。

十八　順步進退對推法

第十法：順步行動推手法

準備姿勢：如第四圖。

甲乙兩方姿勢，甲方順步左腳在前成左弓式，左掤手掤乙方，以右「按」手扶按乙方之左肘。

乙方順步亦以左弓式，以雙手按扶甲方之左臂。

1.順步者，即甲方左腳在前，乙方亦是左腳在前，兩腳相對各成左弓式。

2.行動者，假如甲進乙退，甲方先提左腿前進，繼進右腳，再進左腳。乙方則先活動右腳，繼退左腳。再退右腳。各動三步仍各成左弓式為進退活動，各順其勢互相進退，謂之活步行動。反之乙方提左腿前進，則甲方右腳活動後退一步，亦是各動三步，如斯循環往返，謂之活步即順步也。如第十二及第十三兩圖。

3.推手者，即定式之雙手推法之「掤攌」等手法，如「掤攌擠按」四法運用，純熟「採挒」二法，均可任意使用，惟「肘靠」二法，在順步行動實施時，用於承轉之處為變化之換手法，假如第九法中7、8、9三種換手法。

第十一法：順步擠按換步法

1. 承第十法，甲乙兩方步法，各方均以左腳在前，右腳在後之姿勢。

2. 甲方如換右腳在前。即用右手按住乙方之右肘，用「擠」手則乙方左腳後退一步，而甲方趁勢進右步，於是則甲乙兩方之步法已更換右腳在前矣。例如乙方用「按擠」換步，亦如上法行之。

第十二法：順步採挒換步法

1. 承第十法準備姿勢。如第四圖。

2. 乙方如換左腳在前，可使用「採挒」法，以右手「採」住甲方左腕，左手「採」住甲方左肘，乘甲掤勢逼近，急撤右腳往後退一步；同時趁勢使「挒」手，則甲方必然進左腳，於是甲乙步法已換左腳在前矣。行動仍以進三步退三步，如前法甲乙兩方如須換步，均可依此而行。

十九　拗步推手習練法（即大攦）

拗步推手法與活步定步各法之「掤攦擠按」等手法相同，不同者步法耳。故於此手法從略，僅言步法。定步與活步，甲乙兩方各均以左腳在前，或右腳在前，惟拗步甲乙兩方所站步位，均係同方向，如甲方為右，乙方則以左腳踏進甲方之內襠，此為拗之一例也。所踏入襠內之腳（腳凹朝外）與他腳成「之」字形，即拗步是也。

第十三法：拗步推手法

1. 拗步推手法開始前之預備姿勢，為甲乙兩方相對立，甲方開腳直立，左腳在前，右腳在後，乙方成立正姿勢，如左圖。

預備步法姿勢圖

2.乙方由預備式步位，先以右腳繞遇甲方左腳前，踏入甲方之內襠（腳凹朝外撇成「之」字形），逼退甲方所占陣地。則甲方有不得不放棄之勢。此為乘虛襲擊，截擊進迫之法。甲方覺受乙方右腳有進逼之勢，急將左腳向左後撤退一步而成「之」字形以避之。如左圖：

步法圖一

3.乙方見甲方閃身撤步，避我正面攻擊，速以左腳再進迫一步，仍向甲方右腳前繞進，踏入甲方內襠，步點陣圖中之(3)甲方覺乙方左腳繼續進逼，乃急將右腳復向右後撤一步，以避免其鋒，如圖中之(4)。

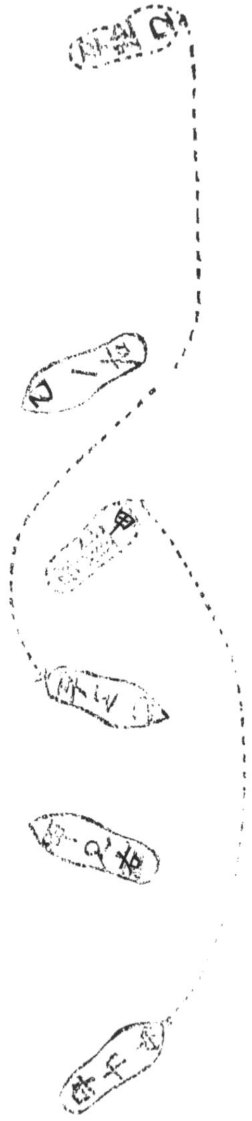

步法圖二

4. 乙方見目的未達，再進右腳仍繞甲方左腳前踏入甲方內襠，希達目的而後已，如圖中之(5)。甲方感觸乙方一連緊逼，趁乙方右腳將踏入內襠，而立足未穩之際，急將左腳提起，繞過乙方右腳踏入乙方內襠反迫之，如圖中之(6)。

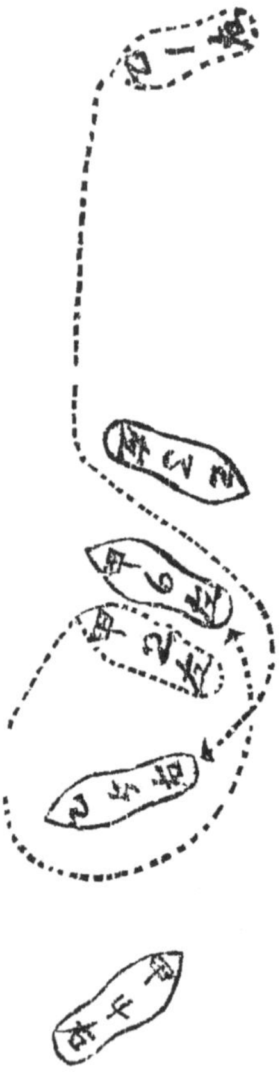

步法圖三

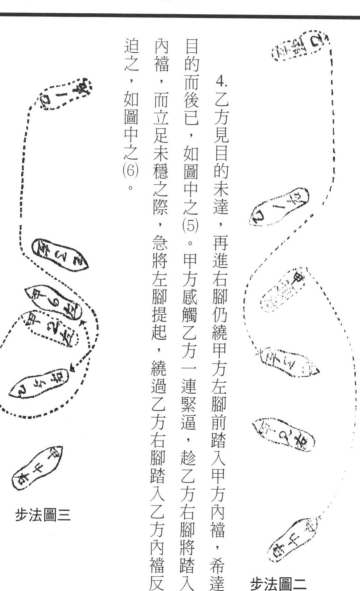

5.乙方內襠感受甲方反攻之威脅，急將由右腳由前後撤一步，閃身避讓，以待良機，如圖中之⑺。甲方見乙方避讓，目的未達，再進右腳繞過乙方左腳前，踏入內襠以逼之，如例圖中之⑻。

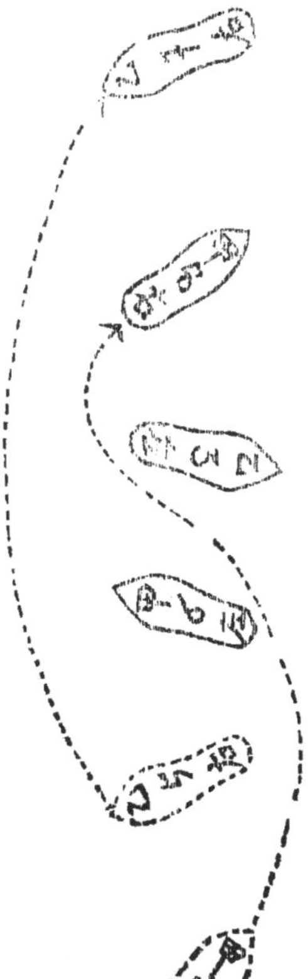

步法圖四

6.乙方感受甲方進逼，左腳再往後方閃身撤步，如圖中之⑼。甲方覺乙方左腳退避，趁虛再進迫一步，以左腳仍繞過乙方右腳前，踏入乙方內襠，如圖中之⑽。

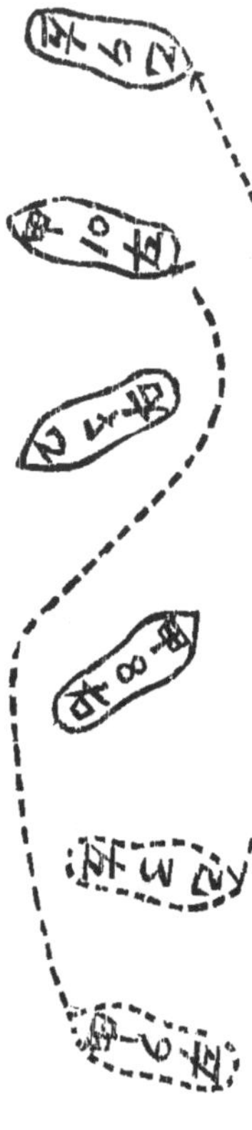

步法圖五

7.乙方感受甲方之逼，急趁甲方來勢將達之際，乘機反擊，急將右腳提起，繞轉甲方右腳前，佔領其內襠，以還打擊者以打擊，如圖中之⑾。

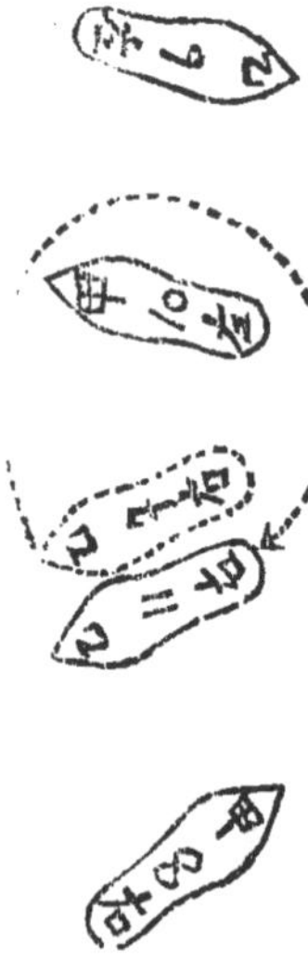

步法圖六

【註一】以上所述甲乙兩方，互相攻守，來回各一次，謂之一回合。如繼續演進，依式往來，各人均係進三步退二步，即拗步之運用矣。

【註二】凡步法圖中註甲者即甲方，註乙者為乙方。左右者即左右腳也。阿刺伯數字，在指明動作之先後秩序。

【註三】凡進步踏入內襠，腳凹均向外，蹩成三角步「之」字形。內襠者，即一方兩腳之中間，謂之內襠。

二十　拗步推手行動換步法

第十四法：拗步推手換步法

拗步推手行動換步法，其法不一，變化多端，略舉一二為例。第一為三動換步法，第二為兩動換步法，第三為一動換步法。惟動作雖不同，方法則一，學者純熟後，運用自如，隨機應變，無論一動二動或三動換步，均可隨意應用，要在學者之神會與貫通耳。茲舉例節述如左。

第一種　三動換步法

按三動換步法之動作，即第十三法所列之七種步法，聯成一氣，而進退運用是也。甲乙兩方各以進三步退二步為原則，互相進退攻守，繼續運用，其總過程有如下圖。

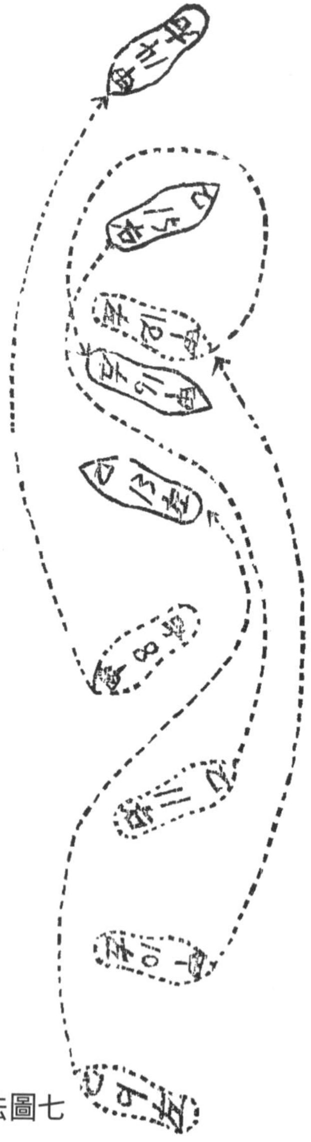

步法圖七

第二種　動換步法

兩動換步法之預備姿勢與第十三法預備姿勢同，如左圖。

預備步姿勢圖

1. 第一動乙方以右腳進攻甲方，如步⑴，第二動甲方感受乙方之威脅，急將左腳撤一步，如步⑵。

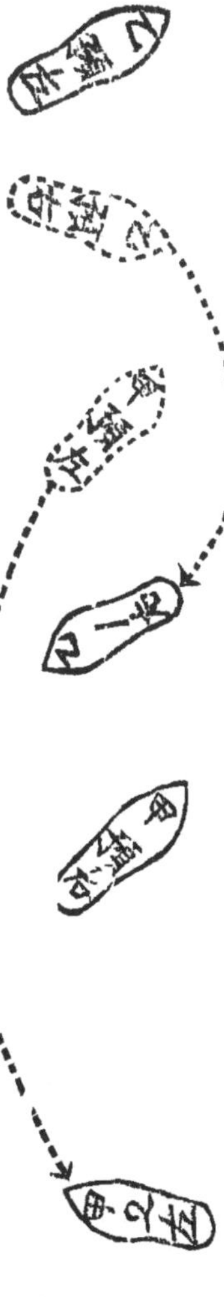

步法圖八

2.第三動乙方覺甲方退避，再進左腳，攻入甲方內襠，如步(3)。第四動甲方感乙方再逼而來，迅將右腳提起，繞過乙方之左腳，急踏入乙方之內襠，如步(4)。

【註】此即二動換步法，反以乙攻而甲守，如步法圖之八、九兩圖是也。

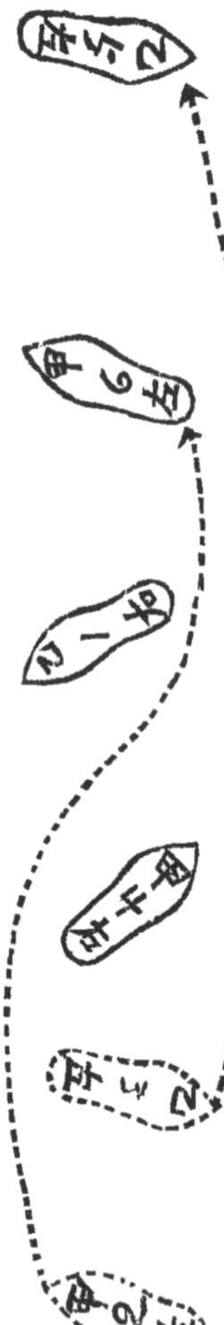

步法圖九

3.第5動和第6動第7動，以上三動，反其道而行之，乙為守，甲為攻，進退互換，如步圖之九與十兩圖。

第三種　一兩動換步法

預備姿勢與第十三法預備步法同，如左圖。

一動換步法，茲舉四例以明之。

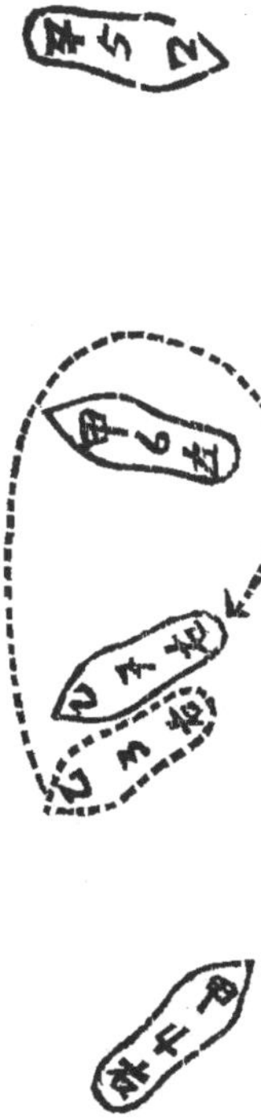

步法圖十

預備步法圖

1. 乙方進襲甲方，以右腳繞過甲方左腳，踏入甲方內襠，如步(1)。

而甲方迅提左腳急繞乙方將踏入之右腳而反攻之。甲方反攻後，步位仍未動，而方位則變矣，如步圖(2)。

步法圖十一

2.乙方不待甲方侵入，仍以右腳再提起繞過甲方左腳，攻入甲方內襠，如步(3)。甲方感一再被迫，左腳後撤一步，如步(4)。

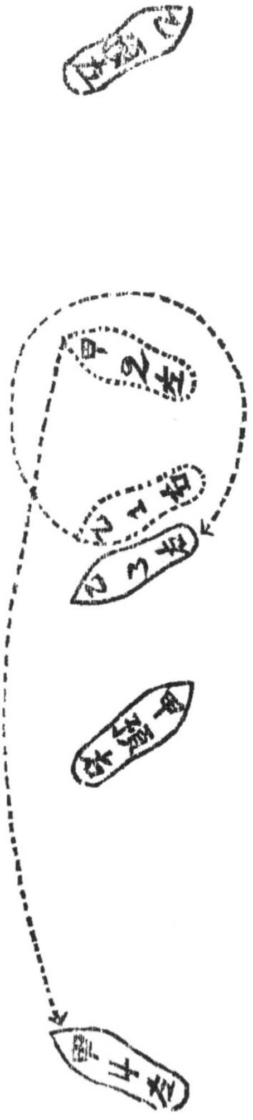

步法圖十二

3.乙方左腳復進一步，繞過甲方右腳，踏入甲方內襠，如步(5)。而甲方感覺被逼，不待乙方左腳侵入，迅將右腳提起，繞過乙方左腳，反攻入乙方內襠如步(6)。此為反客為主之法也。

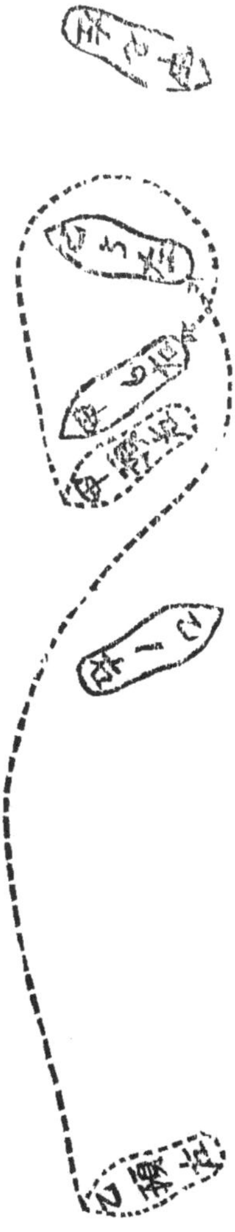

步法圖十三

4.乙方感甲方反攻勢急，迅將左腳提起，繞過甲方右腳，踏入甲方內襠，如步(7)。而甲方感受逼迫，迅將右腳撤退一步，如步(8)。

一動之換步法，即以其人之道，還制其人之身。此法之妙，在為策動機先，不為敵算，所謂敵不動，我不動，敵一動，我先動是也。此種妙法非膚淺功夫者能得到，必須功夫熟練，方能體會之。

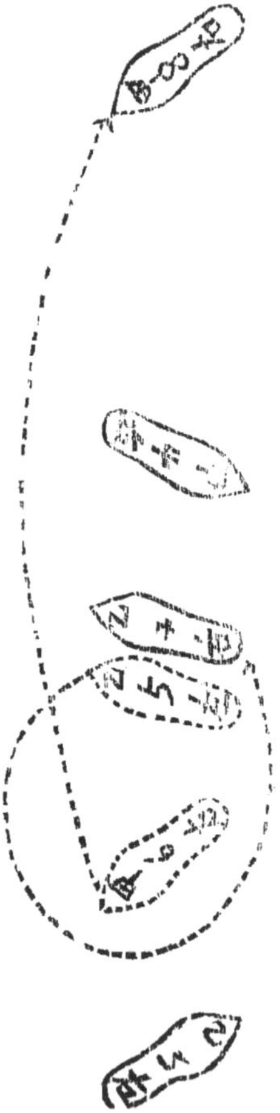

步法圖十四

醫生之言

太極拳是柔軟運動中最合衛生生理者，嘗見病家操太極拳者、雖病亦不危、雖危亦不險、蓋其人內臟堅定，則不易損壞故也，又有病後冀其早日康復等情，亦可藉太極拳而使氣血活動受病之部易以匡復也，聊陳管見質之

志青先生敬之

孫建康敬題於昆華卅二、七、廿九

華民國三十二年十月出版

太極正宗增訂本
太極正宗詮真初版

定價國幣　　正

著作者　吳志青
發行者　著者兼
印刷者　雲南印刷局
經售者　昆明市及各省各大書局

國家圖書館出版品預行編目資料

太極正宗 ／ 吳志青　著
——初版，——臺北市，大展，2012〔民101.10〕
面；21公分 ——（老拳譜新編；11）
ISBN　978－957－468－905－7（平裝）
1.太極拳
528.972　　101015762

太極正宗

著　　者／吳 志 青
校 點 者／常 學 剛
責任編輯／王 躍 平
發 行 人／蔡 森 明
出 版 者／大展出版社有限公司
社　　址／台北市北投區（石牌）致遠一路2段12巷1號
電　　話／（02）28236031・28236033・28233123
傳　　眞／（02）28272069
郵政劃撥／01669551
網　　址／www.dah-jaan.com.tw
E－mail／service@dah-jaan.com.tw
登 記 證／局版臺業字第2171號
承 印 者／傳興印刷有限公司
裝　　訂／建鑫裝訂有限公司
排 版 者／弘益電腦排版有限公司
授 權 者／山西科學技術出版社
初版1刷／2012年（民101年）10月

定 價 ／ 300元

大展好書　好書大展
品嘗好書　冠群可期

大展好書　好書大展
品嘗好書　冠群可期